ABANDONAR O PAPEL DE VÍTIMA

Dados Internacionais de Catalogação na Publicação (CIP)
(Câmara Brasileira do Livro, SP, Brasil)

Kast, Verena
  Abandonar o papel de vítima : viva a sua própria vida / Verena Kast ; tradução de Markus A. Hediger. – Petrópolis, RJ : Vozes, 2022. – (Coleção Reflexões Junguianas)

Título original: Abschied von der Opferrolle

1ª reimpressão, 2023.

ISBN 978-65-5713-513-6

1. Agressão 2. Complexos (Psicologia) 3. Medo 4. Relações sociais 5. Vítimas I. Título. II. Série.

22-107905   CDD-158.2

Índices para catálogo sistemático:

1. Vítimas : Agressão : Psicologia 158.2
Cibele Maria Dias - Bibliotecária - CRB-8/9427

Verena Kast

ABANDONAR O PAPEL DE VÍTIMA

Viva sua própria vida

Tradução de Markus A. Hediger

EDITORA VOZES

Petrópolis

© 2019, 22ª. edição Verlag Herder GmbH, Freiburg im Breisgau

Tradução realizada a partir do original em alemão intitulado
Abschied von der Opferrolle. Das eigene Leben leben, Verena Kast.

Direitos de publicação em língua portuguesa – Brasil:
2022, Editora Vozes Ltda.
Rua Frei Luís, 100
25689-900 – Petrópolis, RJ
www.vozes.com.br
Brasil

Todos os direitos reservados. Nenhuma parte desta obra poderá ser
reproduzida ou transmitida por qualquer forma e/ou quaisquer meios
(eletrônico ou mecânico, incluindo fotocópia e gravação) ou arquivada em
qualquer sistema ou banco de dados sem permissão escrita da editora.

CONSELHO EDITORIAL

Diretor
Gilberto Gonçalves Garcia

Editores
Aline dos Santos Carneiro
Edrian Josué Pasini
Marilac Loraine Oleniki
Welder Lancieri Marchini

Conselheiros
Elói Dionísio Piva
Francisco Morás
Ludovico Garmus
Teobaldo Heidemann
Volney J. Berkenbrock

Secretário executivo
Leonardo A.R.T. dos Santos

Diagramação: Sheilandre Desenv. Gráfico
Revisão gráfica: Alessandra Karl
Capa: Editora Vozes
Ilustração de capa: Mandala produzida por uma paciente de Jung e
reproduzida por ele em *Os arquétipos e o inconsciente coletivo,* vol. IX/1 das
Obras Completas. 5. ed. Petrópolis: Vozes, 2007, p. 341, nota 182.

ISBN 978-65-5713-513-6 (Brasil)
ISBN 978-3-451-60077-7 (Alemanha)

Este livro foi composto e impresso pela Editora Vozes Ltda.

Sumário

Qual é o meu tema?, 7
Barba Azul: a superação da dinâmica entre vítima e agressor no conto de fadas, 9
    Barba Azul – o conto, 10
    O tema de vítima e agressor, 16
    Como sair da posição de vítima, 19
    A identificação com a morte como o destruidor indestrutível, 26
    A consequência, 29
Agressão e raiva, 31
    Fantasias de raiva, 33
    Agressão como redefinição de limites, 35
    Reações típicas à raiva, 41
Raiva e angústia, 57
    Raiva e impotência, 58
    A agressão projetada e a identificação com o agressor, 65
    A fuga para a grandiosidade, 69
Vítima e sombra de vítima, 73
O agressor, a vítima e os complexos, 78
    O conceito dos complexos, 82
    Ser ignorado como tema de complexo, 90
    O episódio de complexo, 92
    O complexo como constelação de vítima e agressor, 95
A transformação dos complexos, 103
    Complexos como focos de desenvolvimento, 103
    Imaginar situações-chave, 107

Intervenção de crise por meio da imaginação de um
    episódio de complexo, 110
Desistir a identificação com agressores, 114
Aceitar sentimentos de culpa, 117
Representar com criatividade, 121
Desenvolver-se onde o complexo não está, 123
A restrição, 125

Rumpelstiltskin – ou: como lidar com a grandiosidade, 132
    Rumpelstiltskin – o conto, 132
    A demanda excessiva da grandiosidade, 137
    O sacrifício da grandiosidade, 142

Nem vítima nem agressor – Viver a própria vida, 146

Agradecimentos, 150

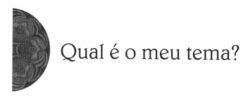

Qual é o meu tema?

No dia a dia, sempre há vítimas e sempre há agressores. Vítimas não aparecem sem agressores, agressores não existem sem vítimas. Esse sempre foi o caso. Encontramos esse padrão também em mitos antigos. Ocasionalmente, os agressores são deuses e deusas; as vítimas, os seres humanos. Lembremo-nos, por exemplo, do mito de Sísifo, no qual ele é condenado a empurrar uma pedra montanha acima, que sempre rola para baixo pouco antes de chegar ao topo[1].

O tema "vítima e agressor" trata, de muitas maneiras, das relações entre poder e impotência, e isso, por sua vez, tem muito a ver com medo, agressão e a regulamentação da autoestima. Desde já, quero deixar claro que estou falando da dinâmica entre vítima e agressor no dia a dia, com a qual todas as pessoas entram em contato, não falo das vítimas de graves agressões traumatizantes e dos agressores que nelas participam. Parece-me que faz sentido concentrar-se na questão cotidiana de vítima e agressor e em como ela pode ser superada, para que possamos aumentar a conscientização em relação a essa questão, para nos sensibilizar para esse tema em uma ampla gama de áreas e para que algumas mudanças

---

1. KAST, V. *Sisyphos: Der alte Stein – Der neue Weg*. Zurique, 1986.

no dia a dia possam ser iniciadas. É possível que isso tenha também um efeito sobre as agressões traumatizantes graves.

No entanto, não estou interessada apenas em destacar a questão de agressor e vítima para aumentar a conscientização em relação a esse tema e sensibilizar as pessoas nessa área no dia a dia, quero também mostrar como é possível se libertar desse entrelaçamento entre vítima e agressor. Mas: é possível libertar-se desse emaranhado, existe uma saída desse sistema? Existe algo além dessas duas possibilidades? Existe um ser humano que molda sua vida criativamente e que não está preso a essa dinâmica entre vítima e agressor?

Explorarei essas e outras perguntas com a ajuda de contos de fadas, a teoria dos complexos e os efeitos de nossos complexos sobre o dia a dia. De vez em quando, farei também sugestões para a autoconscientização. Tais sugestões podem, naturalmente, ser aceitas ou ignoradas. Aceitar essas sugestões não é agradável. E isso diz respeito a ambos os aspectos: ser vítima não é agradável, e ser agressor também não é tão agradável. Mas as questões de poder e impotência são tão importantes e onipresentes em nossas vidas que não podemos simplesmente ignorá-las ou delegá-las a "outras pessoas", aos "agressores" ou às "vítimas". Devemos também analisar onde e quando nós mesmos desempenhamos qual papel, mesmo que se trate de um assunto que esteja na sombra, ou seja, que não conseguimos reconciliar com nosso ideal de nós mesmos.

Barba Azul: a superação da dinâmica entre vítima e agressor no conto de fadas

Quero usar um conto de fadas que trata explicitamente desse tema para circunscrever o tema de agressor e vítima e lançar luz sobre a possibilidade de encontrar uma saída dessa dinâmica destrutiva.

Contos de fadas são histórias que foram contadas de forma imaginativa. Quando ouvimos essas histórias ou as lemos de tal forma que as imagens ganhem vida, nós nos encontramos em um espaço de imaginação no qual as imagens do conto de fadas podem animar imagens em nossa própria psique. Mas isso também significa que os temas abordados nos afetam emocionalmente muito mais do que quando lemos o conto apenas por seu conteúdo informativo. Mas quando nossas emoções são tocadas, é mais provável que nos reconheçamos e nos transformemos em nosso comportamento. Esse espaço de imaginação, entretanto, não é apenas um espaço da imaginação visual, é também um espaço no qual podemos cheirar, ouvir e sentir movimentos de forma imaginativa. Quanto mais canais de percepção pudermos usar nessa "imaginação", mais vivo se torna o espaço imaginativo, mais vivos nos sentimos. Portanto, é aconselhável que o conto de fadas seja lido para você, ou se necessário, que você mesmo o grave e depois o ouça novamente, para que você possa realmente se entregar a essas imagens interiores. Dessa forma, permitimos que as imagens do conto de fadas estimulem nosso próprio mundo de imagens.

Quando queremos entender e interpretar um conto de fadas, podemos contemplá-lo no nível objetivo ou, o que é mais comum, no nível subjetivo. No nível objetivo, o conto de fadas é uma história com diferentes protagonistas, que provém de determinada época e também expressa uma estrutura social específica. No nível subjetivo, o conto de fadas corresponde a um processo dinâmico intrapsíquico de um protagonista. Outros personagens ou animais são então vistos como partes internas desse protagonista.

Barba Azul – o conto

Era uma vez um homem que possuía belas casas na cidade e no campo, louça de ouro e prata, móveis e bordados e carruagens douradas. Mas, infelizmente, esse homem tinha uma barba azul. Isso o tornava tão feio e assustador que não existia mulher nem moça que não fugisse dele. Uma de suas vizinhas, uma senhora de nascimento nobre, tinha duas lindas filhas. Barba Azul pediu a ela uma de suas filhas como esposa e permitiu que a própria mãe decidisse qual das duas ela lhe daria. Mas nenhuma das duas o queria e uma o oferecia à outra, porque nenhuma delas queria tomar a decisão de se casar com um homem de barba azul. Elas também se assustavam com o fato de ele já ter se casado com várias mulheres e de ninguém saber o que havia acontecido com elas.

Para conhecê-las melhor, Barba Azul convidou as irmãs a virem a uma de suas casas de campo com sua mãe, três ou quatro de suas melhores amigas e alguns jovens do bairro. Lá passaram oito dias inteiros fazendo passeios, caçando e pescando, dançando e festejando, conferindo títulos e dignidades uns aos outros. Eles não dormiram nada, mas passavam as noites com jogos e brincadeiras. No final, a irmã caçula já não achava a barba do dono da casa mais tão azul e o considerava digno de toda honra.

Assim que voltaram à cidade, o casamento foi celebrado. Após um mês, Barba Azul disse à sua esposa que ele teria que viajar para as províncias por pelo menos seis semanas para resolver um assunto importante e que ela deveria se entreter bem na ausência dele; ela poderia convidar suas amigas e ir para o campo com elas se lhe apetecesse, e o melhor da cozinha e da adega lhes seria servido.

"Aqui estão as chaves", ele disse. "Estas são para os dois grandes depósitos de móveis, estas são para os talheres de ouro e prata que não são usados todos os dias, estas para os baús de ferro que guardam meu ouro e prata, estas são para as caixas com minhas pedras preciosas, e esta é a chave mestra para todos os aposentos. E esta pequena chave aqui, esta é a chave para a pequena câmara no final do longo corredor no térreo. Você pode abrir qualquer coisa e entrar em qualquer lugar, menos nesta pequena câmara. Eu a proíbo de entrar nela, eu a proíbo com toda severidade. Se o fizer, sofrerá as consequências da minha mais terrível ira".

Ela prometeu seguir exatamente tudo o que ele lhe havia ordenado. Ele a abraçou, entrou em sua carruagem e partiu em sua viagem.

As vizinhas e boas amigas não esperaram para ser convidadas a visitar a recém-casada, pois estavam ardendo de curiosidade para ver toda a riqueza da casa. Enquanto o marido estivera em casa, elas não se atreveram a vir porque tinham medo de sua barba azul. Mas agora elas saíram correndo pelos quartos e vestiários, e cada um era mais bonito e esplêndido do que o anterior. Depois subiram para os depósitos de móveis, onde não pararam de se maravilhar diante dos muitos tapetes esplêndidos, as camas, os sofás, os armários com compartimentos secretos, as mesas e os espelhos em que se podia enxergar da cabeça aos pés, com armações de vidro, prata e ouro, as coisas mais belas e esplêndidas que já se viram na terra. Elas não conseguiam se fartar de elogiar efusivamente e de invejar a felicidade de sua amiga. A jovem, no entanto, não conseguia se alegrar diante de todos esses tesouros porque não conseguia esperar a hora de abrir a pequena câmara no térreo.

Ela estava tão possuída de curiosidade que não desperdiçou um segundo pensando em como seria indelicado deixar suas convidadas sozinhas. Apressou-se a descer uma pequena escada secreta com tanta pressa que quase quebrou o pescoço duas ou três vezes. Quando chegou à porta do pequeno quarto, ela fez uma pausa, pensando na proibição de seu marido e considerando que sua desobediência poderia trazer-lhe infelicidade. Mas a tentação era tão grande que sucumbiu a ela. Então pegou a chave e, tremendo, abriu a porta da câmara.

No início ela não viu nada porque as persianas estavam fechadas; após alguns momentos, ela conseguiu ver que o chão estava coberto de sangue coagulado. E nesse sangue se refletiam os corpos de várias mulheres mortas amarradas às paredes ao redor. (Eram todas mulheres com as quais Barba

Azul tinha se casado e que ele tinha matado uma a uma.) A jovem achou que morreria de medo, e a chave que ela havia tirado da fechadura caiu de sua mão. Depois de voltar a si, ela pegou a chave, trancou a porta novamente e foi até seu quarto para se recompor, mas não conseguia, sua excitação era muito grande. Quando ela notou que a chave estava manchada de sangue, ela a limpou duas ou três vezes, mas não conseguia remover o sangue. Não importava quantas vezes ela a lavasse, não importava o quanto a esfregasse com areia e arenito, ela permanecia ensanguentada, pois a chave estava encantada e não havia como limpá-la completamente: se o sangue era removido de um lado, ele reaparecia do outro.

Naquela mesma noite, Barba Azul voltou de sua viagem. Ele disse que, durante a viagem, havia recebido cartas informando-o de que o assunto para o qual ele havia partido já havia sido decidido a seu favor. Sua esposa fez o que pôde para lhe dizer o quanto estava encantada com seu rápido retorno.

No dia seguinte, ele pediu as chaves de volta. Ela as deu a ele, mas tremia tanto que ele facilmente adivinhou o que havia acontecido.

"Como é", perguntou ele, "que a chave do pequeno quarto não está aqui?"

"Devo tê-la deixado em cima da minha mesa", respondeu ela.

"Não esqueça de entregá-la depois", disse Barba Azul.

Ela demorou o máximo possível, mas finalmente teve que lhe trazer a chave.

Quando Barba Azul olhou para ela, ele perguntou à sua esposa: "Por que há sangue nesta chave?".

"Não sei", respondeu a pobre mulher, mais pálida do que a morte.

"Você não sabe?", gritou Barba Azul. "Mas eu sei, eu sei! Você entrou no quarto pequeno! Bem, minha querida, você vai voltar para lá e ter seu lugar ao lado das senhoras que viu naquele quarto".

Aos prantos, ela se jogou aos pés de seu marido e implorou por misericórdia, mostrando verdadeiro remorso por ter sido tão desobediente. Ela teria amolecido uma rocha, tão bela e desesperada que era. Mas o coração de Barba Azul era mais duro do que uma pedra.

"Você deve morrer, minha querida, e deve morrer agora!"

"Se eu tiver que morrer", ela respondeu, olhando para ele com lágrimas escorrendo pelo rosto, "me dê um pouco de tempo para rezar a Deus".

"Eu lhe darei metade de um quarto de uma hora", respondeu Barba Azul, "mas nem um segundo a mais".

Quando ela estava sozinha lá em cima em seu quarto, ela chamou sua irmã e disse: "Minha querida Anne" (pois esse era o nome da irmã), "por favor, suba a torre para ver se nossos irmãos não estão vindo; eles prometeram visitar-me hoje. Se você os vir, dê-lhes sinais para que se apressem".

A irmã subiu a torre, e a pobre mulher desesperada lhe perguntava de vez em quando: "Anne, minha irmã Anne, você não vê nada chegando?"

E a irmã lhe respondia: "Eu só vejo o sol no céu e a grama verdejante". Enquanto isso, Barba Azul, com uma grande faca na mão, gritava no alto de sua voz para sua esposa: "Desça imediatamente, ou eu subirei!"

"Só mais um momento, por favor", implorou sua esposa, chamando em voz baixa: "Anne, minha irmã Anne, você não vê nada chegando?"

E a irmã respondeu: "Eu só vejo o sol no céu e a grama verdejante".

"Desça imediatamente", gritou o Barba Azul, "ou eu subirei!"

"Estou descendo", respondeu sua esposa, e então ela gritou: "Anne, minha irmã Anne, você não vê nada chegando?"

"Vejo uma grande nuvem de poeira vindo em nossa direção", respondeu a irmã.

"São os irmãos?"

"Ah não, querida irmã, é apenas um rebanho de ovelhas".

"Você vai descer ou não?", rugiu o Barba Azul.

"Num instante", respondeu sua esposa, e então gritou: "Anne, minha irmã Anne, você não vê nada chegando?"

"Vejo dois cavaleiros vindo em nossa direção", respondeu a irmã, "mas eles ainda estão muito distantes". E logo em seguida: "Louvado seja Deus. São os irmãos! Vou fazer sinais para eles para que se apressem".

Então Barba Azul gritou tão alto que a casa inteira estremeceu.

A pobre mulher desceu e atirou-se a seus pés, em lágrimas e com o cabelo despenteado.

"Não adianta", disse Barba Azul, "você deve morrer".

Ele a agarrou pelos cabelos com uma mão e com a outra levantou a faca para cortar-lhe a cabeça. A pobre mulher olhou para ele, com agonia nos olhos, e implorou que ele lhe desse um último momento para se recolher.

"Não, não", disse ele, "recomende sua alma a Deus".

E ele estendeu a mão com a faca... Naquele momento, houve uma batida tão forte na porta que Barba Azul congelou por um momento. A porta se abriu, e dois cavaleiros, espadas na mão, partiram para cima de Barba azul. Ele reconheceu os irmãos de sua esposa, o dragão e o mosqueteiro, e imediatamente fugiu para se salvar. Mas os irmãos o perseguiram e o pararam antes que ele pudesse alcançar as escadas. Trespassaram-no com suas espadas e o mataram.

A pobre mulher estava quase tão morta quanto seu marido. Ela não tinha mais forças para se levantar para abraçar seus irmãos.

Acontece que Barba Azul não tinha herdeiros, e por isso toda sua riqueza passou para sua esposa. Ela usou parte da fortuna para casar sua irmã Anne com um jovem nobre que ela amava havia muito tempo, com outra parte ela adquiriu o posto de capitão para seus dois irmãos, e o resto ela usou como dote para seu próprio casamento com um homem muito honrado que a fez esquecer os horrores que vivera com Barba Azul[2].

O tema de vítima e agressor

Barba Azul é claramente o agressor; a jovem mulher, a vítima.

Como você imaginou Barba Azul? Cada um tem sua própria imagem, e essa imagem é legítima. É claro que você pode imaginá-lo realisticamente como um homem pálido de barba preta azulada, mas também pode imaginá-lo de modo completamente diferente. Existem tons de azul bem diferentes. Em nossa imaginação, temos uma grande liberdade de concepção.

Mas para que serve a barba azul? Qual é a sua função? As características proeminentes de um corpo nos contos de fadas sempre têm uma função. A cor da barba é incomum, tem algo de fantasmagórico, ela cria distância. No início, as jovens reagem negativamente, não apenas por causa da barba azul, mas também por causa das mulheres desaparecidas.

---

2. PERRAULT, C. *Märchen aus alter Zeit*. Buchschlag, 1976.

Elas mantêm seu sentimento negativo – elas ainda não são vítimas – por enquanto. Barba Azul não só tem uma barba azul, como também é incrivelmente rico. Aparentemente, ele tem o poder de outorgar títulos e dignidades. Isso seduz. As jovens passam oito dias inteiros em sua casa de campo como convidadas dele, passeando, dançando, festejando. Muita coisa acontece nesse curto espaço de tempo. Algo especial é encenado, com grande velocidade, muita vitalidade, com um frenesi quase maníaco, ninguém dorme.

O resultado: a filha mais nova já não acha mais a barba do homem tão azul. Ela se deixou subornar. Esse aspecto exerce um papel importante no tema de agressor e vítima. A distância é consideravelmente reduzida, agora ela compartilha de Barba Azul e de sua riqueza e do estilo de vida que o acompanha. Ela participa de seu poder, de sua importância. Se olharmos para essa situação do ponto de vista do tema de agressor e vítima, diremos que Barba Azul tinha pouco poder no início e que as jovens mulheres tinham um poder relativamente grande. Ele busca proximidade, elas o repelem. Essa é a primeira fase – a distância[3].

Em seguida, ele a seduz com tudo o que tem – não com o que é – e agora a caçula se aproxima dele no que diz respeito ao poder.

Na terceira fase – a fase do casamento e após o casamento – a relação muda novamente de forma decisiva. Nem sempre o agressor permanece agressor; e a vítima, vítima. A vítima e o agressor podem muito facilmente reverter os papéis. No início, a mulher ainda adquire significado por

---

3. JACOBY, M.; KAST, V. & RIEDEL, I. *Das Böse im Märchen*. Fellbach, 1981, p. 87, nota 5.

meio de sua identificação com o poder, mas este se tornou menor em relação ao eu verdadeiro dela. Ela não está mais consigo mesma, ela traiu seus sentimentos. Por mais rico que o homem possa ser, a barba azul, que provavelmente era assustadora, provocava medo e assim gerava a distância, continua a mesma, mesmo que, para ela, agora parecesse menos azul. Mas ela silencia seu sentimento de suspeita justificada e trai a si mesma. Assim ela perde o poder real, que possuía por natureza ao estar em paz consigo mesma e que não a obrigava a violentar a si mesma. Mas vista a partir do ponto de vista de importância externa, ela é extraordinariamente poderosa. A identificação com o agressor confere uma grandeza aparente.

Tal "identificação com o agressor" é também um conhecido mecanismo de defesa ou de enfrentamento: quando temos medo de alguém, podemos assumir seu ponto de vista, traindo a nós mesmos no processo e assim estabilizando temporariamente nossa autoestima, pois fingimos estar de acordo com o mais forte – nós nos identificamos com o agressor.

Um exemplo:

Você é a única mulher em um grupo de homens. Os homens dizem, aparentemente com admiração: "É bom tê-la aqui, pois normalmente é impossível fazer qualquer coisa com as mulheres". Se você permitir que essa frase permaneça ou até mesmo agradecer-lhes pelo elogio, você se identifica com os agressores. Se você reage dessa forma, provavelmente você o faz para ser reconhecida. Se apontar o problema, você será criticada, talvez até rotulada como uma feminista insuportável. Você terá perdido prestígio, mas não terá deserdado e traído a si mesma. No entanto, você perde muito poder e prestígio aos olhos dos agressores.

Abandonar o papel de vítima

A identificação com o agressor, um tema que abordaremos mais a fundo mais adiante, é um problema central na questão de agressor e vítima. Para não se tornar vítima, você pode adquirir uma grandeza percebida. A concretização dessa suposta grandeza requer, muitas vezes, que você se distancie de si mesmo. E isso já é um primeiro passo em direção à posição de vítima. Visto a partir do conto de fadas: a distância que existe agora não é mais a distância entre a jovem e Barba Azul, mas a distância que a jovem criou em relação a si mesma.

Como sair da posição de vítima

Analisemos a cena-chave: após um mês, Barba Azul informa sua esposa que ele precisa viajar. Imediatamente, todas as amigas vêm visitar a jovem esposa e inspecionar a casa inteira. Uma tremenda curiosidade se instala. A esposa de Barba Azul está muito impaciente e não consegue aguardar a hora de entrar naquele quarto proibido. Ela se apressa tanto que quase quebra o pescoço duas ou três vezes ao descer a escada. Nesse momento, ela certamente não é vítima de Barba Azul, no máximo, é vítima de sua impaciência e curiosidade. Pelo contrário: para este momento, de fora, ela é a amante, porque tem o poder, um poder tremendo. Ela tem algo a mostrar, e também tem o poder das chaves.

Nos contos de fadas, salas proibidas denotam uma zona tabu. Esse tabu deve ser quebrado para que se possa dar mais um passo no desenvolvimento[4]. Quebrar o tabu é, por assim dizer, uma feliz queda da graça, que é punida em cada caso no conto de fadas, mas que significa a abertura para um

---

4. RIEDEL, I. *Tabu im Märchen*. Olten, 1985.

futuro diferente e melhor. Nós já nos acostumamos com o fato de que o tabu é regularmente quebrado em contos de fadas; ficaríamos surpresos se não fosse quebrado. No entanto, a quebra de tabus é geralmente punida severamente. Quem quebra um tabu deve pagar por isso; o que se põe em jogo é toda a sua personalidade, toda a sua vida. Quebrar um tabu muda completamente a vida de uma pessoa. Requer um compromisso total de todas as energias para provocar a mudança extraordinária; pois se trata de integrar algo que antes estava dissociado, "fechado", é uma questão de reconhecer e aceitar um espaço proibido.

O impulso para o desenvolvimento, representado pela chave que permite abrir uma porta trancada, abrir um novo espaço de vida, vem de Barba Azul. O quarto tabu simboliza o que está trancado nesse sistema. A chave é realmente a chave para o tema central de sua vida. Mas o que é essa coisa reprimida ou talvez até mesmo dissociada?

O conto de fadas nos informa que, no início, nada pode ser visto porque as persianas estão fechadas. Mas então aparece o sangue e, depois, as mulheres mortas. Ao ver as mulheres mortas, a esposa de Barba Azul entende de repente que Barba Azul mata mulheres e as guarda, mesmo que mortas. Barba Azul é um agressor; sua esposa, uma vítima, e esse confronto é uma questão de vida ou morte – também a jovem esposa deve morrer. Obviamente, Barba Azul tem um anseio relacional, mas quando esse anseio é satisfeito, ele mata as mulheres. Isso significa que ele tem medo de proximidade e, então, se torna um agressor. Em vez de se entregar à relação, ele destrói. Ou entendido de forma diferente: Quando a mulher se comporta como Barba Azul, ela se identifica com ele, o resultado são mulheres mortas. Então os lados femininos dela são brutalmente assassinados. Ao ser confrontada com as mulheres mortas, a jovem mulher poderia ter fugido aos gritos, mas ela não faz isso. Ela se safou e pretende continuar fazendo isso. Assim que ela abre a sala proibida, Barba Azul retorna.

Contemplemos o tema de agressor e vítima. Barba Azul pede pela chave. Nesse momento, ele é claramente o agressor; e ela, a vítima. E é uma questão de vida ou de morte: ou a mulher é morta ou ela consegue eliminar Barba Azul. Barba Azul é alguém que deve ser eliminado. É possível suportar a destrutividade – e é isso que ele representa – por muito tempo na esperança de que, em algum momento, as coisas melhorem, que a destrutividade desapareça, na linguagem dos contos de fadas: de que a pessoa destrutiva seja redimida. Essa é uma esperança equivocada. A destrutividade costuma ser eliminada com uma frequência muito maior quando ela é combatida de forma muito delimitada e agressiva no momento certo. Também em si mesmo. Um Barba Azul é insuportável a longo prazo. Não é igual ao sapo no conto de fadas do Príncipe Sapo. Um Barba Azul nunca se transforma em um príncipe bonito. Tais forças destrutivas não podem ser transformadas.

Barba Azul ameaça com a morte, e agora algo interessante acontece: a vítima não assume totalmente o papel de vítima.

Primeiro, a mulher tenta ganhar tempo, alegando querer rezar. Na realidade, ela se conecta com sua irmã Anne. Essa irmã tem uma conexão com a grama verde e o sol que brilha, e com os irmãos que são mencionados aqui pela primeira vez. Essa é uma cena muito importante porque mostra o que se pode fazer em tal situação. A princípio, surge a impressão de que é impossível escapar do tema de agressor e vítima, que a única alternativa é a morte. Úteis se tornam agora os relacionamentos sustentadores do tempo "anterior a Barba Azul", relacionamentos que a mulher obviamente mantém: a relação com Anne e com as pessoas com quem ela se relaciona. Mas a relação com um poder que não se encontra dentro da esfera de Barba Azul e que transcende o mundo humano também se torna útil agora. A oração pode ser entendida como uma conexão com algo transcendente. Em outra variante do conto de fadas, não é a irmã Anne que está no topo da torre, mas o Frei Jacques, um pequeno monge velho. Ainda em outra variante, é um tipo de Deus que se encontra no alto da torre[5].

Assim, pessoas diferentes podem ser abordadas para obter ajuda – por um lado, pessoas próximas do passado, por outro lado, pessoas que estão ligadas a algo divino. Ao estabelecer essas relações –, assim ela estabelece contato com lados de si mesma que não são afetados por esse problema representado por Barba Azul, que nada têm a ver com sua destrutividade e que também a inserem em um contexto de vida maior – ela dá o passo decisivo para sair do sistema de vítima e agressor. Agora ela impressiona nessa situação não apenas como uma vítima, mas ainda mais como uma modeladora desesperada de seu destino. No entanto, ela está em perigo de se tornar vítima de Barba Azul. Para poder assumir o controle sobre sua vida, nesse momento, ela tenta reativar aquilo que também existe em sua vida, além do sistema agressor-vítima.

No tratamento psicoterapêutico de traumas, o terapeuta tenta lembrar a pessoa traumatizada daquilo que ela era antes do trauma, dos recursos que ainda estão à sua dispo-

---

5. Cf. BOLTE, J. & POLIVKA, G. *Anmerkungen zu den Kinder- und Hausmärchen der Brüder Grimm*. Hildesheim, 1963, p. 398ss.

sição. Isso é relativamente difícil porque o trauma costuma ocupar totalmente o primeiro plano e as memórias de uma vida anterior melhor são obscurecidas por ele, de modo que as experiências de vida são distorcidas pelo trauma. No entanto, a questão é o que ainda está disponível e que pode ser reaproveitado – é uma questão de recursos.

No contexto de nosso conto de fadas, isso significa descobrir quais áreas da personalidade e experiências de vida não foram afetadas pelo mundo de Barba Azul. Existe obviamente uma conexão com algo transcendente, que vai além da vida cotidiana, e existe uma conexão com a irmã e, por meio dessa irmã, com a natureza e talvez também com a beleza.

Pelo susto – quando a jovem esposa vê os corpos – ela cai em si, sofre um choque salutar de consciência sobre sua situação. A vítima finalmente cai em si graças à terrível constatação de que ela é uma vítima, e isso viabiliza uma nova ação. Pois as mulheres mortas que ela vê são também aspectos femininos dela, o que significa que, quando ela se une a Barba Azul, muitas de suas possibilidades de vida feminina são mortas, ou já estão mortas. Nos contos de fadas, porém, os mortos podem ser ressuscitados. Assim, quando ela se rende a essa história de poder, ela perde muitos aspectos de si mesma. Graças a esse susto, ela cai em si, encontra mais uma vez seu próprio eu e mais uma vez se torna segura em seus próprios sentimentos. Isso lhe permite reativar as outras coisas que ela tem em sua vida e que não estão ligadas ao mundo de Barba Azul. Isso inclui os dois irmãos. É interessante que eles são apresentados com suas profissões: um é um dragão; e o outro, um mosqueteiro. Esses irmãos estão ligados a ela como filhos da mesma mãe. Se analisarmos o conto de fadas no nível subjetivo, vemos que ela não só tem um mundo de Barba Azul e um animus de Barba Azul como partes da personalidade dentro dela, mas também essa irmã Anne e os irmãos.

Como devemos entender esses irmãos? Eles trazem salvação e são agressores tangíveis, é por meio deles que Barba Azul se torna vítima: ele é morto. Aqui, nessa imagem, torna-se bastante claro o que significa agir com agressão contra a destruição. E a mulher, a antiga vítima, agora é redimida. Agora o tema de vítima e agressor é encerrado, e nós nos vemos diante de uma nova situação. A mulher distribui toda a sua riqueza, ela não está mais presa no mundo de Barba Azul. Ela pode usar essa energia que estava ligada ao complexo de Barba Azul para dar algo aos irmãos, para casar a irmã Anne e também para casar-se ela mesma com "um homem muito honrado".

Resta considerar, no entanto, por qual razão Barba Azul foi capaz de passar do papel de agressor para o de vítima. Ele queria ser eliminado? Seria isso, em última análise, uma expressão do desejo de morte de uma pessoa destrutiva? A morte é o meio para acabar com a necessidade de ser destrutivo? Como essa redenção deve ser entendida no final?

Podemos escolher como protagonista, de cuja perspectiva contemplamos o conto de fadas, a pessoa que sobrevive. Vemos então esse conto de fadas a partir da perspectiva da mulher que inicialmente se apaixona por Barba Azul, mas que depois consegue escapar dele. Barba Azul se torna assim uma parte de sua personalidade que ela teme e enfrenta resolutamente com seus próprios recursos; ou seja, ela tenta eliminar esse lado de si mesma. Afinal de contas, são as riquezas de Barba Azul que agora permitem que os outros vivam uma vida muito mais confortável e tenham até mesmo um relacionamento amoroso. Em outras palavras, não existe nada destrutivo que, uma vez reconhecido e eliminado, não apresente também lados positivos. O mesmo acontece na vida cotidiana: se o complexo de Barba Azul fosse dissolvido, se todos aqueles atos e pensamentos destrutivos fossem sacrificados de forma decisiva, então toda a energia associada às fantasias destrutivas poderia ser usada para fantasias construtivas e para melhorar a vida.

Esse conto de fadas pode ser visto também como uma ilustração de uma relação de casal na qual Barba Azul governa sobre sua esposa. Seria uma colusão sadomasoquista[6]. Então a esposa, por seu comportamento, deixa claro para ele que não é assim que as coisas funcionam. Depois da morte de Barba Azul, vem o homem altamente honrado que a faz esquecer aquela experiência horrível. Esse homem honrado poderia ser o próprio Barba Azul completamente transformado. Em termos da psicodinâmica, no entanto, isso é bastante improvável. Mas podemos usar isso como uma fantasia. Nós nos perguntamos por que, de repente, o próprio Barba Azul se torna vítima. Ele se torna vítima porque sucumbe a uma compulsão de se repetir, ele não percebe que outro comportamento seria apropriado agora. O agressor que sucumbe a uma compulsão de repetição se torna uma vítima quando sua vítima não permanece vítima. Ou em termos mais gerais: ele se torna vítima quando a vítima deixa de ser uma vítima. Se a vítima continuar sendo vítima, ele pode continuar sendo um agressor para sempre.

Agora, o agressor também poderia decidir deixar de ser um agressor. Mas os agressores raramente fazem isso, por-

---

6. WILLI, J. *Die Zweierbeziehung*. Reinbek, 1975.

que, aparentemente, eles detêm poder e prestígio – e ninguém desiste disso sem mais nem menos.

A identificação com a morte como o destruidor indestrutível

O conto de fadas pode ser inserido também em um contexto ainda maior. Poderíamos também chegar à conclusão de que um sistema tão baseado em poder, riqueza e prestígio possui cadáveres escondidos em algum armário. É claro que é importante ver esses cadáveres escondidos; caso contrário, Barba Azul se tornaria cada vez mais rico, e os cadáveres se tornariam cada vez mais numerosos. Todos os cadáveres são mulheres, portanto trata da importância de as mulheres revelarem que elas são vítimas desse sistema e de encontrarem uma maneira de deixar de ser vítimas.

Em Bolte-Polivka,[7] uma obra de referência que compara variantes do mesmo tipo de conto de fadas, Barba Azul é retratado de formas diferentes. Em um conto de fadas italiano, ele tem um nariz prateado, e em um conto de fadas sueco, ele tem um nariz dourado e uma barba azul. Mas ele é sempre caracterizado por algo peculiar, não humano. Imagine ter que andar pelas ruas com um nariz dourado! Em alguns contos de fadas, Barba Azul come cadáveres. É daqui que vem a ideia de que ele é um deus dos mortos. Barba Azul como um deus dos mortos acrescentaria um aspecto adicional à interpretação. Mary Williams[8] apresentou a tese de que a morte também pode ser vista como o destruidor indestrutível e que as pes-

---

7. BOLTE, J. & POLIVKA, G. *Anmerkungen zu den Kinder- und Hausmärchen der Brüder Grimm.* Op. cit., p. 409ss.

8. WILLIAMS, M. The Fear of Death. *J. Analyt. Psychol.* 3, 1958, p. 157-165.

soas se identificam precisamente com esse destruidor indestrutível em um comportamento sádico. Williams reconhece no comportamento sádico uma tentativa de ver-se a si mesmo como o destruidor indestrutível, mas isso também significa ser imortal. Nesse contexto, devemos mencionar também um artigo de Hans-Joachim Wilke,[9] que argumenta que os complexos de poder só podem ser dissolvidos se aceitarmos o fato de sermos mortais. No encontro com a morte, o poder e a luta pelo poder se tornam impotentes. Quando vivenciamos que somos mortais, os desejos de poder são relativizados.

Podemos vivenciar algo semelhante quando, de repente, percebemos que aquilo que consideramos indispensável para a nossa existência, aquilo que nos sustenta, não está vivo em nossa vida. Foi o que aconteceu com a mulher no conto de fadas de Barba Azul. Podemos morrer de medo e, na maioria das vezes, tememos não ter o tempo necessário para realizar o que é realmente essencial na vida. E a preocupação referente ao tempo que nos resta contém também a pergunta se seremos bem-sucedidos nessa tentativa de realizar aquilo que consideramos essencial.

Mas o que se passa na mente de uma pessoa para que ela sinta a necessidade de se identificar com a morte como o destruidor indestrutível? Isso não é algo que se faz deliberadamente. É preciso sentir-se muito impotente e não concordar com este sentimento. E é justamente dessa impotência que surge a pretensão de ser onipotente. A onipotência, que se revela na identificação com a morte como o destruidor indestrutível, compensa uma tremenda impotência como a última ideia de grandeza. A propósito, o conto de fadas mostra isso simbolicamente na ideia de que o sangue não pode ser lavado,

---

9. WILKE, H.-J. Autoritätskomplex und autoritäre Persönlichkeitsstruktur. *J. Analyt. Psychol.* 8, 1977, p. 33-40.

que, portanto, é impossível fazê-lo desaparecer. O sangue é um lembrete de vida e morte. As pessoas são mortais – não há como fugir disso. Quanto mais uma pessoa está ciente de sua mortalidade e quanto menos ela consegue aceitar isto, mais ela corre o risco de se identificar com a morte como o destruidor indestrutível. Os mortais passam a ser apenas os outros. Em vez de moldar a vida ao máximo da nossa capacidade – pois essa é, na verdade, a resposta à necessidade de morrer – ela destrói. Em outras palavras, sob a perspectiva desse conto de fadas, isso significa que, quando somos tão destrutivos, nós nos identificamos com o princípio da morte.

O tema de poder e impotência no conto de fadas tem muito a ver com o fato de que somos mortais. O processo natural da morte é experimentado como algo destrutivo; sob esse ponto de vista, as duas únicas alternativas são: ser um agressor e identificar-se com a morte como o destruidor indestrutível ou ser uma vítima desse mesmo princípio.

Existe ainda uma terceira possibilidade: a mulher do conto de fadas que superou essa identificação com o destruidor indestrutível nos mostra isso. A pergunta permanece: ela ativou seus recursos conscientemente, ou seu comportamento foi algo como uma expressão de sabedoria interior? Pois existem situações em que a vítima percebe em um grande susto que ela é uma vítima muito vulnerável. Quando a pessoa experimenta uma grande impotência que não pode mais ser reprimida ou encoberta, muitas vezes, forças especiais se constelam na psique. De repente aparece um ajudante interior, como a irmã e os irmãos no conto de fadas. Dito de forma menos fabulosa: de repente, a pessoa se lembra de algo que poderia fazer ou lembra de que ainda tem recursos à sua disposição.

Manifesta-se aqui uma dinâmica que nos leva a sobreviver na situação em que somos vítimas. Se quisermos sair conscientemente da posição de vítima, devemos considerar o que deve ser reativado dentro de nós para que deixemos de ser vítima, para que o agressor não possa mais ser o agressor. Trata-se de um esforço tremendo, de algo quase impossível. O conto de fadas diz que, às vezes, pode ser suficiente ter medo do fato de sermos uma vítima, distanciar-se disso, e então aguardar para ver se alguma ideia aparece.

Mas não se trata apenas de reconhecer-se como vítima, trata-se também de reconhecer-se em sua própria destrutividade, como um agressor, e de negar-se agressivamente essa destrutividade.

A consequência

Corremos o risco de tornar-nos vítima se trairmos nossos próprios sentimentos. Descobrimos, por meio da análise do conto de Barba Azul, que corremos o risco de nos tornarmos uma vítima principalmente quando não percebemos nossos próprios sentimentos e nos identificamos com os valores supostamente mais atraentes do agressor. Basicamente, isso já significa que alguém se julga menos competente e eficaz e, portanto, acredita que deve se identificar com o poder de outra pessoa.

Quando conhecemos uma pessoa importante, é muito mais difícil permanecermos fiéis e defendermos nossos próprios sentimentos e opiniões do que quando a pessoa não é tão importante assim. Se você quiser agradar a uma pessoa importante, então pode acontecer que, repentinamente, você diga o que essa pessoa deseja ouvir. Evidentemente, tudo no relacionamento se torna terrivelmente entediante. Intrapsiquicamente, isso corresponde a uma maior distância de si mesmo: pois não perceber e expressar seus próprios sentimentos nos afasta mais de nós mesmos. Quanto mais nos identificamos com os valores do agressor, mais nos distanciamos de nós mesmos. Percebemos que a mulher do conto de fadas voltou para si mesma ao se assustar. É um susto sobre o que perece em decorrência dessa atitude que não leva a sério os próprios sentimentos e simplesmente se conforma com os valores de outra pessoa e os adota. Ela não é apenas uma vítima; ao se identificar com o agressor, ela mesma passa a ser agressora, ela se ataca em seu próprio ser.

A esposa de Barba Azul pode se libertar da dinâmica de vítima e agressor. Constatamos que a mulher estava dentro do sistema (ela ainda era vítima) e, ao mesmo tempo, fora dele. Ela estava parcialmente fora do sistema ativando todos os recursos (ou ativando todos os recursos dentro dela) que não pertenciam a esse sistema de agressor e vítima. Então os dois irmãos, o mosqueteiro e o dragão, tomaram medidas contra o Barba Azul destrutivo.

O conto de fadas representa a atitude necessária em uma imagem: agir com determinação combativa contra a destruição. A dinâmica de agressor e vítima é interrompida quando a vítima deixa de se identificar com o *status* de vítima. Mas não é tão simples assim: a grandiosidade inerente ao papel do agressor é, em última análise, também inerente ao papel da vítima grandiosa. A questão é não se comportar nem como vítima nem como agressor, não permanecer nem na impotência nem no poder, mas sim moldar o que pode ser moldado.

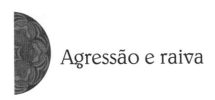

Agressão e raiva

A seguir, definirei o termo "agressão" com mais precisão e, subsequentemente, suavizarei um pouco o conceito de agressor e *status* de vítima, para – em um passo adicional – defini-lo com mais precisão.

Agressão vem do latim *aggredior*. A princípio, a palavra apresenta um aspecto intencional de aproximação pacífica e significa simplesmente: ir a um lugar, aproximar-se de algo, começar, enfrentar. Há uma intensificação nessa cadeia de significado, a urgência aumenta cada vez mais. Torna-se então cada vez mais hostil no sentido de atacar, agredir, destruir com intenção hostil. Neste contexto, devemos então falar de destruição. Eu distingo a agressão não destrutiva da agressão destrutiva, que eu chamo de destrutividade. A intencionalidade de uma abordagem determinada não pode ser simplesmente chamada de destrutiva, mas destruir com intenção hostil é, evidentemente, destrutivo.

A intencionalidade exerce um papel importante na agressão: temos uma intenção, queremos alcançar algo, mas algo se opõe à nossa intenção e ficamos irritados, furiosos. Podemos traduzir esse efeito em ações hostis. Você pode constatar isso por si mesmo em um exemplo simples e inofensivo: você está caminhando rápido em direção a um destino que o atrai e alguém se mete no seu caminho, você se irrita ou, no mínimo, perde a paciência. Sentimo-nos refreados, contidos. Dependendo de nosso temperamento, ficamos mais ou menos irritados. Nossos ataques de raiva seguem certa tipologia, que varia de pessoa para pessoa. Acredito que você saiba dizer de si mesmo se sua raiva vai se acumulando durante semanas, para então descarregá-la lenta ou rapidamente, em um lugar certo ou errado, ou se você é uma pessoa que explode e, dez minutos depois, não entende por que você explodiu daquela maneira. Ao lidar com a raiva, a tipologia de cada pessoa se torna aparente. O que você diz ou faz em uma situação em que você está com raiva é bem estereotípico.

Se, porém, somos refreados em nossa intenção em uma situação que é realmente importante para nós não só ficamos irritados ou zangados. Tal experiência também tem um efeito sobre a nossa autoestima. Portanto, quando eu quero algo – talvez queira alcançar algo – e sou impedido, em algum momento surgirá a pergunta: quem sou eu para que alguém se sinta no direito de simplesmente me impedir de fazer o que eu quero? Essa pergunta, por sua vez, tem um efeito sobre a atitude em relação à vida. Você tem uma ideia maravilhosa que o inspira. Quando você fala com outras pessoas sobre ela, elas franzem a testa e comentam que sua ideia não é viável, que é muito cara etc. Você se irrita, talvez tente afastar essa raiva por meio da decepção. Você deixa de ter a boa autoestima que ainda teve segundos atrás, e não sentirá mais o mesmo entusiasmo. Isso vale especialmente para a esfera interpessoal. A experiência de querer fazer a diferença, mas não poder fazê-la, provoca raiva, que está ligada à insegurança na autoestima. Mas também quando nos envergonhamos, quando somos diretamente ofendidos em nossa autovalorização, isso pode desencadear raiva. Por exemplo, se alguém expressa descaradamente seu desprezo por nós, nós nos sentimos ofendidos, ficamos com raiva ou deprimidos. Todas as experiências interpessoais que nos fazem sentir que não somos bons o bastante afetam nossa autoestima, ainda mais se entendermos que a interação desdenhosa é intencional, e depois nos irritamos abertamente ou voltamos a raiva contra nós mesmos. Em nossa imaginação, formam-se então aquilo que chamamos de fantasias de raiva.

Fantasias de raiva

Fantasias de raiva são sequências mais ou menos visíveis de imagens, imaginações, às vezes até mesmo de histórias que são projetadas como filmes diante de nosso olho interior. Nessas fantasias de raiva, imaginamos o que mais gostaríamos de fazer agora mesmo. E o que mais gostaríamos de fazer geralmente não é muito apresentável. Portanto, muitas vezes, as fantasias de raiva são seguidas imediatamente por uma avaliação cognitiva.

> Lembre-se de uma situação em que você esteve furioso e lembre--se daquilo que pensou e sentiu naquela situação ou daquilo que viu diante de seu olho interior: Naquele momento, eu queria ter...

Por exemplo, em um primeiro momento de raiva, podemos dizer: "Ah, como eu gostaria de matar esse sujeito", rejeitamos rapidamente esse pensamento, porque sua realização está fora de questão para nós. Mesmo assim, essa ideia surge dentro de nós em uma situação de raiva. Podemos também não rejeitar a ideia de imediato, mas imaginamos quais contra-agressões nós provocaríamos no outro com nossa própria ação hostil. Um processo cognitivo e imaginativo complexo se instala: tenho uma fantasia de raiva que gostaria de realizar, imagino que me sentiria melhor se a realizasse, que experimentaria algo como satisfação e que minha autoestima voltaria a ser regulada. Mas também imagino o que a execução de minha fantasia de raiva poderia desencadear em outras pessoas, com quanto castigo eu teria que contar, com quanta retribuição, quanta vingança – e então reviso minha fantasia de raiva. Esse processo continua até eu chegar a uma fantasia de raiva cuja realização provavelmente não me causaria muitos problemas, mas também é possível que nem tenha que colocar essa fantasia de raiva em prática: a ocupação imaginativa com ela já me aliviou o suficiente e estabilizou a minha autoestima.

Exercício

Relaxe e tente se lembrar de uma situação de raiva pela qual tenha passado recentemente e da qual consiga se lembrar bem. Talvez tenha que procurar um pouco em sua memória. Pergunte-se o que, exatamente, aconteceu e tente identificar qual foi sua primeira representação de raiva. O que você quis fazer naquele primeiro momento? Então, pergunte-se por que você não o fez e como você lidou com a fantasia de raiva depois disso.

Um homem um pouco mais jovem me contou nesse contexto que se irritou muito quando fez uma sugestão de atividade em seu tempo livre e seu colega a descartou como "diversão infantil". Primeiro ele pensou em jogar o molho da carne na cara dele. Então, lembrou-se que jamais poderia se mostrar tão magoado. Então decidiu não dar carona para seu colega, mas depois também descartou essa ideia, e então decidiu acatar com grande entusiasmo qualquer ideia desse colega – por mais estúpida que fosse – mas não mexer um único dedo para ajudar em sua realização. Assim a fantasia de raiva se transformou em uma ação vingativa relativamente elegante.

Quando nos ocupamos com fantasias de raiva, sentimos como a agressão é uma emoção vital. Há uma grande energia nela. A raiva é algo que pode nos ativar incrivelmente.

Se você conseguiu se lembrar de uma fantasia de raiva, você pode agora se perguntar se essa fantasia é típica ou atípica para você. Você escolheu ser o agressor ou você escolheu ficar mais do lado da vítima? Como vítima, por exemplo, você ficaria simplesmente muito ofendido, triste ou passaria mal no momento mais inoportuno etc. Você costuma se comportar dessa maneira?

Mas não é tão fácil de entender as fantasias de raiva. Uma vez que você tenha se libertado da ideia de que não tem essas fantasias, é muito emocionante descobrir o que vem à sua mente quando você está com raiva e o quão criativo você é em suas fantasias de raiva.

Agressão como redefinição de limites

A primeira função importante da agressão é o estabelecimento e a redefinição de limites. Com a ajuda da agressão, delimitamos repetidamente nossos limites e nosso respectivo espaço psíquico. Em relação às pessoas com as quais convivemos, esse também é o limite que traçamos, o espaço que reivindicamos. Aqui, naturalmente, surgem possibilidades de conflito, por exemplo, na distinção entre "minha" esfera de poder e "sua" esfera de poder, mas também entre "minha" esfera de ação e "sua" esfera de ação.

Os limites podem ser respeitados ou violados. Esse estabelecimento de limites e violações de limites sempre apresentam uma conexão com nossa autoestima. Nós humanos sentimos grande prazer quando conseguimos efetuar algo[10]. Quando temos a sensação de que não podemos fazer nada em lugar algum, nós atrofiamos. Não precisamos efetuar muito, não precisamos fazer uma grande diferença, mas o importante é a sensação de podermos fazer a diferença e mudar as coisas. Se nossa esfera de ação é muito restrita, experimentamos que nos sentimos refreados na vitalidade, na força da vida, talvez até mesmo no *élan vital*, e isso nos deixa no mínimo irritados, se não deprimidos. Assim, sempre tentaremos intuitivamente expandir um pouco nossos limites dentro dos quais possamos agir, não aceitar o estabelecimento de limites impostos a nós de fora, para, ao menos, ampliar um pouco os nossos limites. E fazemos isso com uma deliberação ou ação agressiva, determinada, embora não necessariamente hostil.

Portanto, a primeira função muito importante da agressão é delimitar-se a si mesmo. É importante se perguntar como você se delimita. Afinal de contas, todos nós precisamos demarcar nosso território o tempo todo. Uma segunda função da agressão é defender nossos limites: até aqui e nenhum passo a mais. Ou dizer: "Aceito sua a reclamação, mas não desta forma". Essas demarcações estão sempre associadas a determinados gestos. Muitas vezes, eles demarcam os limites do corpo. Preste atenção, em algum momento, até onde você afasta suas mãos do seu corpo para demarcar um limite. Você também pode estabelecer novos limites; e

---

10. JACOBY, M. "Das Leiden an Gefühlen von Ohnmacht in der Psychotherapie". In: EGNER, H. (org.). *Macht, Ohnmacht, Vollmacht*. Zurique/Düsseldorf, 1996.

se você se tornar mais expansivo por querer tomar e ocupar novos espaços, isso quase sempre resulta em fricção. Na maioria das vezes, outras pessoas também são forçadas a ajustar seus limites. Essa demarcação mútua é um processo dinâmico entre diferentes pessoas, e desde que esse processo ocorra com a necessária consideração e elasticidade, ele acontece em grande parte de forma inconsciente.

Mas limites também podem ser destruídos. Deliberadamente, por meio de invasões – ao fazê-lo, uma pessoa se intromete na vida de outra, violando também o conceito que aquela pessoa tem de si mesma – ou de forma mais acidental, ao perturbar, talvez até mesmo destruir, os limites de outra pessoa ao estabelecer um novo limite próprio.

O fato de nos demarcarmos diariamente só é perceptível quando alguém ultrapassa muito claramente os nossos limites. Normalmente, não estamos cientes dos limites. Pelo menos o tema da violação de limites tornou-se mais presente como um tema nos últimos anos. Quando ocorrem sérias violações de limites interpessoais, falamos de abusos, tais como os abusos sexuais. No entanto, existem muitas violações de limites menores que tornam a vida cotidiana mais difícil. Por exemplo, há pessoas que simplesmente se aproximam demais de você, chegam tão perto que você continua se afastando até que suas costas fiquem contra a parede e você só pode se afastar para o lado. Ou você simplesmente fica de costas para a parede, em uma posição vulnerável. Você se sente pressionado por aquelas pessoas e seus próprios limites não são respeitados.

Ou há pessoas que têm um jeito especial de enrolar vocês. De alguma forma, elas se aproximam de você emocionalmente sem seu consentimento. Essas pessoas geralmente nem percebem isso, sempre se comportaram dessa maneira e, incompreensivelmente para elas, são sempre repreendidas de forma mais ou menos agressiva. Em uma situação assim, também reagimos defendendo nossos limites, o que às vezes não é tão fácil: porque experimentamos a nossa pele como um limite essencial.

Em muitas situações comunicativas, definimos os limites de forma lúdica. Conversamos um com o outro, sentimos que estamos invadindo uma zona um pouco perigosa, paramos de falar e, por exemplo, deixamos um segredo no escuro. Ou então cruzamos um pouco a linha e só paramos quando sentimos que realmente nos aproximamos demais da outra pessoa. A demarcação de limites é também a determinação de proximidade e distância. Nesse contexto, porém, eu nunca falaria de agressor e vítima, mas sim de um confronto lúdico que provavelmente nem é percebido conscientemente: é um jogo no limite e um jogo com limites. Esse jogo poderia tornar-nos um pouco mais conscientes de nossos limites, ocasionalmente ele revela algo que normalmente não é acessível a outras pessoas; às vezes, ele ajuda uma pessoa a se abrir mais de uma maneira saudável.

Mas além da função prazerosa da agressão em relação ao estabelecimento de limites, há também a função destrutiva. Destrutividade também pode ser chamada de raiva destrutiva: A expressão "raiva destrutiva", ou seja, uma raiva que se ativa para destruir, ilustra de forma mais clara o tema destas reflexões: há muita raiva envolvida. Nós desenvolvemos uma raiva destrutiva quando realmente precisamos quebrar limites e quando temos muito medo. É aqui que entra novamente em jogo a questão da autoconfiança. Aqueles que têm autoconfiança suficiente e acreditam poder fazer uma diferença, estabelecer limites, exigir respeito por seus próprios limites, não precisam destruir. Temos que destruir quando temos medo de ser impotentes, quando tememos que os limites que nos afetam sejam inalteráveis. Então, ou nos tornamos destrutivos ou impomos limites muito rígidos a outras pessoas. As pessoas que mantêm limites rígidos quando você se aproxima demais delas podem de repente revelar certa destrutividade. Nos anos setenta, havia métodos terapêuticos que tentavam quebrar a "armadura das pessoas". Tal "blindagem" é considerada uma consequência da dificuldade de estabelecer fronteiras. Entretanto, ficou claro que, sob uma armadura rachada, geralmente há uma pele muito danificada. É melhor deixar a pele sarar primeiro e depois esperar até a armadura se abrir sozinha. Em outras palavras, é essencial entender que atrás desses limites rígidos se esconde uma autoestima instável, talvez também muitas feridas, e que essa autoestima deve primeiro ser fortalecida antes de sacrificar os limites rígidos. Pessoas que afirmam limites muito rígidos, porém, provocam os outros a violarem seus limites. A intenção por trás disso é atingir a pessoa que se esconde por trás do limite rígido.

Na intenção de redefinir os limites ocorre um confronto dinâmico entre resistência e ataque. Se não houver resistência, o ataque não dá em nada. Então torna-se impossível descobrir quais são os próprios limites. Isso também desempenha um papel importante na educação: as crianças devem ser capazes de experimentar limites. E os adultos também precisam testar seus limites. Se não estabelecermos limites um em relação ao outro, não podemos desenvolver essa intenção de mudar nossos limites.

A autoafirmação acontece nesse confronto. Quando sei que consigo me afirmar e defender, isso me dá uma autoestima relativamente boa. Em outras palavras: eu posso decidir por mim mesmo onde estão meus limites. Isso traz uma sensação de segurança e dignidade dentro dos limites autoimpostos. É por isso que sempre reagimos de forma tão agressiva quando as pessoas ultrapassam nossos limites. A maioria de nós, no entanto, só percebe isso quando outros passam dos limites conosco.

É muito mais difícil perceber onde você mesmo ultrapassa os limites dos outros. Geralmente percebemos muito cedo quando os outros se metem em nosso caminho, quando se aproximam demais. Mas quando nós nos comportamos da mesma maneira em relação aos outros, geralmente o fazemos de forma relativamente inconsciente. No entanto, é claro que o outro reage quando nos comportamos desta maneira.

Nessa área da agressão, na área de confrontos lúdicos, de autoafirmação no confronto ou de demarcação dentro de uma relação, não há agressores reais nem vítimas reais. Entretanto, a transição é fluida. Quando a interação não funciona mais, quando a dinâmica deixa de ser conjunta, então, de repente, passamos a ter agressores e vítimas. Pois a inibição da agressão impossibilita o funcionamento da interação dinâmica.

Como resultado, alguém ou tem um limite relativamente rígido e ninguém pode se aproximar da pessoa em questão, ou tudo o afeta rápida e excessivamente. Uma reação se torna impossível, talvez ainda uma agressão passiva, no sentido de que a pessoa diz que simplesmente não entendeu ou não ouviu nada, embora tenha entendido ou ouvido tudo claramente.

> **Exercício**
>
> Relaxe. Imagine uma situação em que você estabelece limites, ou em que defende os seus limites, ou em que você ultrapassa os limites de outra pessoa.
>
> Simplesmente perceba o que lhe passa pela cabeça. Quais situações lhe vêm à mente, quais sentimentos vêm à tona?

Ao estabelecer seus limites, uma mulher se lembra de que seu marido tem o hábito de dizer: "Nós nos sentimos sobrecarregados nesta situação". Ela se imagina respondendo a ele: "*Você* se sente sobrecarregado, eu não me sinto sobrecarregada, eu me sinto desafiada". Essa ação imaginativa está associada a um sentimento de libertação, de autonomia, de aumento da autoconsciência. Ela defendeu seus limites com calma, mas com grande clareza, quando um bêbado começou a xingá-la e ela o mandou calar a boca imediatamente, caso contrário, chamaria alguém para ajudá-la. No início ela sentiu medo, depois se maravilhou com sua própria coragem e em ter ameaçado o homem com a polícia.

Como exemplo de uma situação em que ela mesma ultrapassou um limite, ela se lembra de ter aberto uma carta de uma empresa que ela não conhecia e que era endereçada a seu filho de dez anos. Ela se envergonhou disso, mas imediatamente se justificou: "Afinal de contas, eu como mãe tenho uma obrigação de supervisão".

Esse exercício foi feito para chamar a atenção para o tipo de demarcação que normalmente praticamos de forma bastante inconsciente.

Reações típicas à raiva

Dependendo de como lidamos com esse estabelecimento agressivo de limites, nós tendemos a nos tornar mais vítima ou mais agressor. Visto que esses estabelecimentos de limites são precedidos pelo confronto com a raiva, podemos distinguir entre diferentes reações típicas à raiva; ou seja, as pessoas lidam com a raiva de maneira diferente, a sentem de maneira diferente, a controlam de maneira diferente e também se defendem contra ela de maneira diferente. A seguir, tentarei uma classificação básica, que naturalmente pode ser diferenciada e complementada e que não ocorre na vida real na exclusividade descrita.

O tipo "vítima"

O tipo "vítima" evita conflitos. Ele é uma pessoa que tende a se retirar. É alguém que diz "sim" sem necessariamente concordar. Se alguém se choca contra ele na rua, ele pede desculpas e se acusa de ocupar muito espaço neste mundo. Essas pessoas dizem de si mesmas: "Eu não sou uma pessoa boa, mas você é". Inconscientemente, no entanto, a tendência oposta geralmente pode ser encontrada nelas. E então essa afirmação se transforma em: "Eu sou uma pessoa boa, mas você não é". É claro que elas jamais admitiriam ter essa atitude, a maioria não o admitiria nem mesmo a si mesma. Essas pessoas engolem a raiva. Elas precisam de afirmações como: "Você me deixa infeliz". Nunca dizem: "Você me irrita". Ou: "Estou com raiva". Elas se sentem culpadas e desenvolvem autocomiseração, mas também geram sentimentos de culpa nos outros. Elas envenenam a atmosfera com acusações implícitas, mas nunca as expressam explicitamente. Aparentemente nunca se irritam, não expressam raiva, elas a engolem e, em vez disso, estão cheias de acusações e autocomiseração.

Evidentemente estão com muito medo. Também têm medo de transformar suas ideias agressivas em realidade. São pessoas que foram muito controladas por autoridades em sua infância, em quem essas autoridades geraram sentimentos de culpa e que aprenderam cedo que outras pessoas são mais importantes do que elas. Quanto à adaptação necessária a si mesmas e aos próximos, o foco está sempre na adaptação aos próximos.

Esse tipo raramente é encontrado em sua forma pura, porque a maioria das pessoas é do tipo misto.

O tipo "agressor"

O tipo "agressor" é visto como alguém que costuma dizer "não". Ele diz de si mesmo: "Eu estou certo e você não está". Inconscientemente, existe também aqui uma tendência contrária: "Os outros estão certos, mas eu não estou. Mas farei de tudo para garantir que ninguém perceba isso". Isto é particularmente evidente naquelas pessoas que, ao expressarem raiva, imediatamente se enfurecem e imediatamente fazem ameaças sérias. Se houver até mesmo uma pitada de ação hostil, esse tipo se ergue e adota uma postura imponente, mesmo que ele não seja fisicamente muito grande, e ataca por sua vez. Eu sublinho deliberadamente "ele" aqui, porque esse tipo não ocorre com tanta frequência entre as mulheres. Ele se levanta imediatamente e ameaça. Se você fizer uma acusação contra esse tipo, imediatamente ele lançará dez acusações contra você. Esse é o tipo de ameaça e raiva. Isso também é chamado de raiva colérica ou de raiva explosiva. Aqui a raiva é a defesa contra o medo, contra a tristeza, contra a vergonha, contra o desamparo. Podemos distinguir entre a raiva fria e a raiva quente. Aqueles que imediatamente ameaçam e atacam geralmente têm raiva quente. A raiva fria tende a se expressar em ironia, cinismo e sarcasmo.

O agressor, assim como o tipo "vítima", pode ter sido controlado em demasia por autoridades severas na infância. Entretanto, essas pessoas se identificam com o agressor, não com a vítima. Elas resolvem o conflito entre a adaptação a si mesmos e a adaptação ao mundo ao seu redor fazendo-se o centro de todas as coisas.

Há também pessoas que, às vezes, são do tipo "vítima" e, às vezes, do tipo "agressor".

A posição intermediária

Existe então também uma posição intermediária, que denota o ideal. Trata-se de uma pessoa que consegue dizer: "Eu estou certo, e você também está certo". As pessoas que vivem nessa posição geralmente experimentaram certa segurança em sua vida. Elas já vivenciaram interesse suficiente por elas mesmas. E têm a sensação de que estão bem e que tudo ao seu redor também está razoavelmente bem ou pode ser corrigido.

Quando uma pessoa que pertence mais a esse tipo está com raiva, ela expressa a raiva, é o mais humorística possível, apresenta uma alta tolerância à frustração, tem pouca desconfiança e uma boa tolerância à raiva. Tolerância à raiva significa ser capaz de perceber a própria raiva e não ter que traduzi-la imediatamente em uma ação hostil. Portanto, tolerância à raiva não significa ser capaz de reprimir a raiva, mas ser capaz de aceitar que o fato de que, de vez em quando, ela se irrita.

As pessoas que tiveram uma "boa" educação, que obedecem a muitas regras, muitas vezes não conseguem aceitar sua raiva e, portanto, passam a ser do tipo "vítima". Há também um aspecto específico de gênero nesse contexto. Em termos de exemplos, é mais provável que os homens se irritem mais do que as mulheres. A expressão de hostilidade mostra o mesmo. Felizmente, a violência dos homens não é mais considerada um sinal de masculinidade hoje em dia, e seria bom que as mulheres fossem socializadas menos como vítimas; e os homens, menos como agressores.

A posição ideal é, é claro, algo que basicamente não existe. Como regra, nós oscilamos entre vítima e agressor, e enquanto tivermos ambas as opções, corremos menos perigo de nos tornarmos unilateralmente vítima ou agressor.

O tipo "agressor passivo"

De acordo com essa classificação, tudo ainda parece claro. Poderíamos dizer que a maioria das pessoas que tendem a ser depressivas tendem também a ser vítimas. A maioria das pessoas que tendem a ser agressivas tendem a ser agressores. A posição intermediária pode oscilar entre os dois. Existe, porém, um terceiro tipo de raiva. É aquele que chamamos de tipo "agressor passivo". As pessoas que pertencem a esse tipo não se comportam ativamente de forma agressiva, mas são agressivas em seu efeito sobre os outros, fazem com que as pessoas com quem convivem se tornem agressivas, e assim, em última instância, delegam a agressão.

Quando digo a alguém que está falando comigo: "Não falo mais com você", estou estabelecendo um limite claro. É muito provável que esse estabelecimento de limites seja experimentado como agressivo. Mas se alguém fala comigo e eu simplesmente não respondo, eu não estou cometendo um ato abertamente agressivo, mas minha reação é vivenciada como muito agressiva. Você pode deixar as pessoas loucas dizendo repetidamente: "Eu não entendo". A outra pessoa vivencia isso como comportamento agressivo, pois afinal de contas vocês estão falando a mesma língua, você está tentando explicar a mesma coisa de maneiras diferentes. E seu interlocutor simplesmente não entende. Às vezes, isso também acontece nas terapias: "Eu simplesmente não o entendo". "Eu gostaria muito de entendê-lo, mas simplesmente não o entendo". Ou às vezes a pessoa a quem você se dirige repete o que foi dito, aparentemente para entendê-lo melhor, mas ela sempre o repete de forma um pouco distorcida. O "equívoco" deixa então de parecer um equívoco verdadeiro. A pessoa que não entende afirma o quanto ela lamenta isso, mas que não consegue evitar e que está muito confusa no momento, que não consegue absorver. Dessa forma, ela apela à piedade, mas na verdade seu interlocutor se torna agressivo – embora devesse ter piedade, ou não?

Pessoas que se esquecem de muitas coisas provocam reações semelhantes. Elas não resistem abertamente a uma ordem que não lhes convém, elas simplesmente não a executam, elas a esquecem. Elas prometem fazer melhor, e então esquecem novamente. Elas não discutem, não expressam que o limite de sua solidariedade foi ultrapassado, não dizem nada – e esquecem. E mais uma vez há um apelo à indulgência: como podemos culpar uma pessoa por ser tão esquecida? Ou como podemos culpar alguém por esquecer coisas sem importância diante de um fardo enorme? A pessoa envolvida, que exige o desempenho, é agressiva, torna-se um ser humano exigente, até mesmo perseguidor.

Quando nos retiramos no meio de uma conversa, somos abertamente agressivos e hostis. Mas quando você não presta atenção, não olha para o interlocutor, como se ele não existisse, quando só fica concordando com tudo e dizendo "sim" para tudo que o outro diz, isso não é percebido como agressivo. Você não é repreendido por causa disso. Mesmo assim, trata-se de um comportamento agressivo. Isso vale quando você fica adiando uma tarefa. Você promete fazer um trabalho até o dia seguinte. Você não o faz. Ao ser cobrado, você o promete para o dia seguinte. No dia seguinte, acontece a mesma coisa... Como reagimos?

Pessoas que se comportam de forma passiva-agressiva nos passam a impressão de que não podemos confiar nelas. Elas não são confiáveis. No fundo, essas pessoas traem a si mesmas quando não ousam estabelecer limites de forma ativa e não se levam a sério. A proximidade do tipo "agressor passivo" com o tipo "vítima" é evidente: vítimas podem se transformar facilmente em pessoas agressivas passivas. No caso da vítima, porém, a agressão é voltada contra si mesma, mas a pessoa agressiva passiva volta sua agressão contra outros.

A agressão passiva transmite a sensação de que não podemos confiar nessas pessoas, e também nos perguntamos: Isso é vingança? É uma forma de punição? Tais suposições podem até ser verdadeiras, mas se fosse vingança ou punição, esta ocorreria em uma situação que não tem mais muito a ver com uma situação que originalmente provocou raiva. Trata-se então de algo como uma vingança ou punição generalizada e fundamental, porque, em muitas situações de conflito, a pessoa não foi capaz de expressar a raiva adequadamente e de resolver o conflito.

Mas justamente quando uma possível ação de vingança não está relacionada a uma situação específica, o alvo dessa ação fica um pouco perdido. Muitas vezes, esse efeito é a intenção inconsciente do agressor passivo. Se não dependermos dessa pessoa, muitas vezes, reagimos com um "Esquece essa pessoa" depreciativo. As pessoas que sempre se esquecem de tudo são simplesmente as pessoas que devemos esquecer. Mas isso só funciona quando não convivemos com essas pessoas, quando elas não são muito importantes para nós. Achamos, por exemplo, que é melhor esquecer os colegas que se esquecem de tudo – e então percebemos: eles realmente são esquecidos. Mas quando você depende de uma pessoa passiva-agressiva, você se torna facilmente um coesquecedor.

Esquecedor e coesquecedor

Essas formas de agressão passiva são muito comuns. Mas é preciso que haja alguém que tolere essa forma de agressão ou que até mesmo a deseje inconscientemente. No contexto dos esquecedores, que analisarei um pouco mais de perto como uma forma de agressão passiva, este é o coesquecedor.

Quando, em uma situação terapêutica, o analisando se esquece consistente e inocentemente de coisas importantes, possivelmente até pedindo desculpas por ser tão esquecido, o lado humano no terapeuta se irrita. Nosso lado terapeuta, porém, se pergunta o que pode ter prejudicado tanto essa pessoa em sua autoestima a ponto de ela se ver obrigada a recorrer a essa agressão passiva. A agressão passiva pode ser o resultado de um ataque atual à autoestima. Mas também pode ser um comportamento habitual, devido a múltiplos ferimentos à autoestima ao longo da vida.

Quando você está com uma pessoa que se esquece de muita coisa, você se transforma em uma memória preocupada. Você se torna guardião e assume responsabilidade. Para fazer isso, obviamente, você precisa gostar de fazer isso. Agora surge a questão interessante: quem é o agressor e quem é a vítima? Aqui, a coisa já fica mais complicada. Pois essa pessoa, o coesquecedor, lançará um ataque de vez em quando, ou seja, expressará uma agressão ativa, e exigirá mudanças. Possivelmente, o comportamento da outra pessoa é usado como medida-padrão para o relacionamento; por exemplo, a agressão passiva é interpretada como um sinal de que há pouco amor no relacionamento, pouca atenção (um aspecto importante do amor).

Ou se trata de uma competição secreta, de desvalorização ou, pelo menos, de falta de respeito. A agressão passiva expressa uma estratégia de desvalorização que não deve ser subestimada: pessoas que são passivamente agressivas dessa forma se sentem desvalorizadas e transferem esses sentimentos de desvalorização para seus semelhantes. Basicamente, o coesquecedor se sente vítima da pessoa que esquece. A pessoa que esquece, porém, se sente vítima de sua memória ruim, ela nunca se percebe como agressor. É importante ter isso em mente. Pois muitas vezes acreditamos que sempre é muito claro quem é o agressor e quem é a vítima.

Na forma passiva de agressão, o conflito é evitado. No entanto, a pessoa que evita o conflito não sabe disso. Afinal, o conflito pode ser evitado, por exemplo, quando ela diz a si mesma: "Isso está me deixando furioso agora, mas se eu falar disso, vamos acabar discutindo por uma hora inteira". Então você pode decidir se quer discutir por uma hora ou se quer fazer outra coisa. Isso é uma forma consciente de evitar conflitos. É verdade que também é possível que a pessoa se sinta um pouco covarde. Mas geralmente sabemos que articularemos esse conflito em um momento oportuno.

O agressor passivo, por outro lado, vê a si mesmo como um ser cheio de boa vontade, que sempre é atacado agressivamente de forma injusta. Por exemplo, o esquecedor diz: Eu sou pacífico, esqueço as coisas, mas você é sempre tão agressivo. Eu sou uma vítima, você é o agressor. O coesquecedor diz: Se não fosse por mim, você estaria acabado. Eu também seria inofensivo se você não me levasse à loucura o tempo todo. A reação agressiva passiva é parcialmente aprendida: há famílias nas quais um estilo de agressão passiva é praticado e passado adiante. De um ponto de vista mais psicodinâmico, existe um problema narcisista por trás desse comportamento e, em conexão com isso, um medo muito grande de afetar gravemente a autoestima do outro se ele fosse confrontado abertamente. Mas não é apenas um problema individual: há pessoas com as quais é extremamente difícil argumentar, porque elas não discutem, mas tentam imediatamente silenciar o adversário. Se, por exemplo, uma pessoa do tipo "raiva ameaçadora" se deparar com uma pessoa do tipo "vítima", dificilmente esta ousará discutir. Por essa razão, muitas vezes (mas nem sempre) é um comportamento específico de gênero: quando mulheres são silenciadas rudemente pelos homens em discussões, elas recorrem à agressão passiva.

Outro motivo para aperfeiçoar a agressão passiva é o medo de perder o amor ou relacionamentos. As pessoas têm medo de perder amor e relacionamentos se ousarem expressar abertamente a agressão. Muitas pessoas não estão muito cientes dessa forma passiva de agressão, elas se consideram pouco agressivas, infelizmente, porém, as pessoas com quem convivem experimentam isso como muito agressivo. E elas ficam sempre um pouco surpresas por causarem tantos problemas.

Mas agora já não está mais claro quem é o agressor e quem é a vítima. A vítima também é um agressor, e o agressor também é uma vítima. Na história de Barba Azul, tínhamos a impressão de que o agressor também era uma vítima, entre outras coisas. No caso da agressão passiva, há atribuições claras: O coesquecedor diria claramente: O esquecedor é o agressor. Mas o esquecedor diria: O coesquecedor é o agressor. E ambos estão certos no que diz respeito à sua experiência pessoal.

O ganho com a agressão passiva

Normalmente, não fazemos nada na vida que não nos traga algum ganho. Os esquecedores precisam e recebem muita atenção, mas nem sempre essa atenção é amorosa. No início, a atenção é preocupada, depois se torna irritada. O esquecedor recebe um poder e uma importância aos quais ele não tem direito. Portanto, podemos ter certeza de que, psicodinamicamente, existe aqui um problema narcisista e que existe um desequilíbrio na área da autorrealização, autoestima e autoconfiança.

Ocasionalmente, o agressor passivo é uma pessoa que não se conforma completamente com as leis deste mundo. Ele não quer estar neste mundo e, às vezes, seu comportamento parece um tanto infantil.

Evidentemente, esse comportamento também segue certos valores: ele defende uma atitude despreocupada e a liberdade concedida ao bobo da corte. E isso é realmente algo muito bonito. Afinal de contas, muitas vezes, nossa existência é preocupante demais. Tudo sempre deve funcionar perfeitamente, tudo precisa estar sempre limpo, sempre devemos ser pontuais. Portanto, essa agressividade passiva também pode ser entendida como uma espécie de crítica cultural: como uma crítica a uma cultura na qual tudo sempre deve ser dito, na qual a exatidão, a pontualidade e o não esquecimento absoluto são considerados ideais. No entanto, lidar com o agressor passivo é exaustivo.

Como sair da colusão

O que se passa no coesquecedor? Por um lado, ele tem medo de também se tornar esquecido. Já que você se preocupa tanto com o esquecimento de outra pessoa, muitas vezes, você mesmo passa a ter medo de ser esquecido. Afinal, você pode viver com pessoas esquecidas sem se preocupar tanto com seu próprio esquecimento. Basta ter certeza de que as chaves estão no lugar certo. Quando se trata do que é absolutamente vital, a pessoa assume o controle, e todo o resto parece secundário. Mas assim que alguém tem medo de ser esquecido, se torna muito controlador. Esse comportamento transmite significado para a pessoa que controla e o valoriza internamente. Se imaginarmos agora que um esquecedor é tão dependente de outra pessoa e que ele estaria perdido nessa vida sem o controle e a vigilância constante dessa pessoa, é evidente que isso significa uma tremenda valorização para a pessoa controladora. Saber que alguém precisa desesperadamente de você lhe dá autoconfiança e transmite uma forma de *raison d'être*.

Nessas situações, as duas partes participam do mesmo jogo. O problema, entretanto, é que a parte agressiva é delegada ao coesquecedor. Isso é vivenciado como agressivo pelo nosso esquecedor. Os sentimentos de culpa também são delegados, a pessoa agressiva deve sentir-se culpada. Um coesquecedor que desempenha bem o seu papel, significa para o esquecedor que ele não consegue se desenvolver. As partes agressivas necessárias para o desenvolvimento continuam sendo delegadas.

Como podemos interromper essa interação? É possível fazer isso de forma bem-sucedida? Existe mesmo a vontade de sair dessa situação? Em casos mais graves, falamos em colusão. Essa é uma expressão de Laing, que foi adotada por Jürg Willi e aplicada à relacionamentos amorosos[11]. *Colludere*, em latim, significa brincar um com o outro. Se duas pessoas em um relacionamento brincam juntas de tal forma que a brincadeira de uma passa a determinar a brincadeira da outra, falamos em colusão. Por exemplo, ao esquecer, um parceiro pode permanecer na posição de criança, o outro parceiro assume a posição de pai, um vive a despreocupação; o outro, a responsabilidade. Juntos, eles formam um todo. Nesse sistema, ambos os aspectos são vividos: um ocupa a posição de criança; o outro, a posição de pai. Temos aqui despreocupação e responsabilidade.

Tudo estaria perfeito se não fosse pela raiva! É claro que a raiva não aparece, ou aparece menos, quando a pessoa recebe reconhecimento suficiente pelo papel que ela está desempenhando. Suponha que o esquecedor diga pelo menos três vezes ao dia: Sem você eu estaria perdido! Isso poderia trazer a satisfação narcisista necessária para aceitar o papel de coesquecedor sem se irritar. Mas quando há pouco reconhecimento ou até mesmo críticas constantes, na maioria das vezes implícitas, surge a pergunta de como mudar a situação. E então a pessoa fica com raiva.

---

11. WILLI, J. *Die Zweierbeziehung*. Reinbek, 1975.

Por fim, a questão dos sentimentos de culpa também exerce um papel importante. Esses sentimentos se tornam virulentos quando o cuidado com a outra pessoa não é bem-sucedido. A pessoa tem a sensação de ter falhado. Ou ela tem a sensação justificada de ter impedido o desenvolvimento da outra pessoa. Se a pessoa tivesse dito no início de um relacionamento: "Eu simplesmente não aceito essa forma de agressão passiva", teria havido algum desenvolvimento ou mudança. Assim, de um lado fica acusando: "Você é sempre tão pé no chão, tão burguês, tão compulsivo, tão agressivo". E o outro lado tem a sensação de realmente ser muito dominante, de causar medo, de controlar a outra pessoa. Se estivermos cientes da situação, naturalmente nos perguntaremos se não estamos forçando o outro a ser passivamente agressivo. Essa pessoa é passivamente agressiva por si mesma, ou ela está apenas reagindo à nossa tentativa de dominá-la? Afinal, quando alguém que tem muito medo de perder o relacionamento é dominado pelo parceiro, então a agressão passiva é o meio que escolherá para se defender. Uma rebelião aberta supostamente poria em perigo o relacionamento.

Esquecedores e coesquecedores vivem juntos o que deveria ser vivido em uma única pessoa. O esquecedor tem medo de ser autônomo, o coesquecedor tem medo de ser dependente. O problema do medo da autonomia e do medo da dependência deveria ser resolvido por cada pessoa individualmente. Pois este é um dos problemas mais fundamentais que nós humanos costumamos ter: queremos e devemos ser autônomos e dependentes ao mesmo tempo. Esse problema é parte essencial do ser humano. Como essa dinâmica pode ser quebrada? Mesmo que não possamos mais identificar e distinguir claramente entre agressor e vítima, ainda há uma dinâmica de agressor e vítima. É necessário que surja agora um desejo de mudança, e esse desejo deve partir do coesquecedor. Isso acontece quando ele se dá conta de sua raiva. Entretanto, é difícil mudar algo se o agressor passivo não mostrar qualquer reação a essas tentativas. Mas se o esquecedor não mudar em nada, então o coesquecedor eventualmente sentirá a raiva conscientemente, seja por causa da constante falta de sucesso ou porque ele é obrigado a assumir cada vez mais responsabilidade. Quanto mais o outro se torna esquecido, mais o outro é obrigado a controlar. Isso significa trabalho árduo e também uma restrição da liberdade pessoal. Quando nos sentimos muito restritos, também nos tornamos agressivos.

Disso podem resultar reações diferentes: o comportamento pode ser estranhamente invertido: de repente, o coesquecedor começa a esquecer, deixa de controlar a vida. Isso mostra que ele também tem um problema de esquecimento que conseguira manter sob controle até agora. Seja que ele tenha lutado contra seu próprio esquecimento, seja que ele faça exigências exageradas em termos de não esquecer. Se os coesquecedores de repente também se esquecem, é difícil saber se isso agora também é uma forma de agressão passiva, ou se de repente surgem falhas de memória reais. Mas o resultado pode também ser uma doença. Em seguida, uma terceira pessoa é envolvida, e assim que essa terceira pessoa se insere no sistema, a dinâmica se dissolve. Agora, não há apenas duas, mas três pessoas.

Aqui ocorrem desenvolvimentos interessantes: O coesquecedor adoecido sai do sistema devido a sua doença, e o novo ajudante se torna um coesquecedor. Ou o esquecedor tenta transformar o ajudante em um coesquecedor. Normalmente, isso não funciona quando o ajudante é um profissional. Mas quando o ajudante é um amigo muito amoroso, pode funcionar maravilhosamente. Outra reação é iniciar um relacionamento externo: assim também é possível escapar da dinâmica. O relacionamento externo permite vivenciar outras coisas. Ou o coesquecedor desenvolve uma autoconfiança cada vez maior, para poder arriscar a perda da relação e expressar ativamente a sua agressão. Aqui podemos perguntar o que essa pessoa delegou à outra pessoa e o que pertence ao seu próprio sistema. Pois sempre que delegamos a agressão a outra pessoa, estamos perdendo algo indispensável para moldar nossa vida e sobreviver.

A agressão é uma força vital. Quando abrimos mão dela, ficamos com a parte do medo, que nos empurra na direção do papel de vítima. Para romper esse vínculo de agressor e vítima, é preciso tomar consciência daquilo que delegamos à outra pessoa, permitindo que ela viva aquilo que é de sua própria responsabilidade, e vice-versa. Naturalmente, é preciso abordar também a desvalorização por parte daquele que esquece. Pois toda agressão passiva contém muita desvalorização.

A agressão passiva é a agressão mais difícil porque se apresenta como inofensiva, sendo, na verdade, muito destrutiva, pois ela desvaloriza a outra pessoa de forma decisiva. Mas a agressão passiva é também uma espécie de autodefesa, da qual a pessoa passiva-agressiva só se dá conta quando percebe que seu comportamento lhe rende muito pouco e não favorece o progresso da vida.

Exercício

Você deve ter se perguntado a que tipo de agressão você pertence, e provavelmente encontrou algo de todos os tipos em si mesmo. Se você reagir de uma forma ou de outra, imagine como seria se você fosse o tipo contrário. Se você é mais o tipo "vítima", como você se comportaria como um agressor e o que temeria, que fantasias teria? Se você for mais o tipo "agressor", tente assumir o papel de vítima. E: anote as agressões passivas que você comete no decorrer do dia.

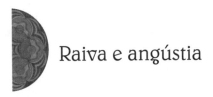

Raiva e angústia

Nas diversas formas de agressão apresentadas até agora, ficou claro repetidamente que sempre surge um momento em que não se sabe quem, exatamente, é o agressor e quem é a vítima. Se uma pessoa adota apenas uma perspectiva e não vê a outra também, muitas vezes, parece claro como os papéis são distribuídos, mas, às vezes, essa visão é enganosa. No entanto, jamais devemos confundir agressor e vítima. E gostaria de ressaltar mais uma vez que falo aqui de vítima e agressor não no contexto de agressões traumatizantes, mas no dia a dia.

Frequentemente, porém, mesmo que realmente estejamos no papel de vítima, também estamos secretamente no papel de um agressor. Mas é exatamente isso que é importante, pois é nas atitudes ocultas do agressor que encontramos a agressão necessária para sair do papel de vítima. Os agressores, por sua vez, também têm uma parte oculta do papel de vítima dentro deles.

Exercício

Relaxe, concentrando-se em sua respiração e liberando a tensão ao expirar. Agora, imagine alguma água que lhe agrade. Pode ser uma fonte, um riacho, um lago ou também a água saindo da torneira – qualquer forma de água que lhe venha à mente e lhe agrade neste momento. Você se desprende dessa imagem, mas sem abrir os olhos, e agora se imagina em uma situação em que se sente impotente. Qual é a sensação? Como você lida com isso? Agora volte para aquela imagem de água que lhe agrada. Então, você se desprende dessas imagens e abre os olhos, se mexe, boceja, se estica.

Essa instrução imaginativa pode parecer um pouco estranha: primeiro a imagem da água, depois uma imagem de impotência, depois novamente a imagem da água. Suponho que a situação de impotência tenha evocado sentimentos muito mais desagradáveis do que, por exemplo, uma fantasia de raiva. Portanto, ela tem muito menos energia do que as fantasias de raiva. Por essa razão, escolhi uma imagem como ponto de partida que normalmente gera uma sensação de bem-estar e que transmite uma energia calma. Na imagem da água, podemos deixar fluir uma energia mais tranquila ou um pouco mais agitada. Quando as pessoas imaginam uma água agradável, elas costumam ter a sensação de estar "no fluxo". Essa sensação é geralmente percebida como bastante agradável e boa – a impotência, por outro lado, provoca a sensação de ameaça e, portanto, de estar preso. Ficamos desamparados precisamente quando não estamos mais "no fluxo".

Raiva e impotência

Quando falamos das fantasias de raiva, já vimos que a autoestima de uma pessoa também está conectada com o si-mesmo ou, na terminologia junguiana, com o complexo do eu. A autoestima, por sua vez, está intimamente ligada ao nosso senso de identidade. Parte de nosso complexo do eu é, entre outras coisas, a atividade do ego, a vontade de querer fazer algo e de ser capaz de fazer algo e, com isso, de realizar algo. É aqui que a intencionalidade se manifesta. Ao mesmo tempo, temos também um desejo de representar, queremos nos mostrar e ser vistos. Representar significa mostrar e ser visto e não deve ser equiparado a fingir. É verdade que, às vezes, isso pode nos levar a querer fingir. Mas representar não significa principalmente apresentar-se da melhor maneira possível, mas simplesmente: eu quero representar algo e ser percebido. É nesse tipo de interação com o mundo ao nosso redor que experimentamos identidade.

Nessa atividade do eu e intencionalidade, experimentamos as resistências e os ataques como muito perturbadores. Já vimos o que acontece quando, no momento em que queremos algo intencionalmente, quando já estamos em certo fluxo, experimentamos alguma resistência: uma fantasia de raiva se coloca entre nós e a realização do objetivo. Até agora, temos analisado a parte da fantasia de raiva na qual as fantasias de raiva são percebidas e questionadas à velocidade da luz quanto ao que estamos dispostos a pagar pela fantasia que pretendemos realizar e o que devemos temer como resultado. Temos visto que o tipo de reação também depende do tipo de raiva de uma pessoa. Mas a maneira com que uma fantasia de raiva é realizada também está relacionada à nossa identidade. Uma pessoa que, sob circunstância alguma, pode perder o amor da pessoa que provocou a raiva reagirá de forma diferente do que uma pessoa que, sob circunstância alguma, está disposta a perder prestígio – ou do que uma pessoa que não quer perder absolutamente nada. Em relação à fantasia da raiva, surge então um conflito intrapsíquico. A forma como isso ocorre está, por sua vez, relacionada à autoestima atual. Quanto melhor eu me sentir, maior a probabilidade de eu arriscar algo. Se eu me sentir muito mal, não me permitirei realizar a fantasia de raiva.

Há situações em que sentimos nitidamente que um conflito está no ar, mas sabemos também que simplesmente não podemos nos dar ao luxo de enfrentar esse conflito na situação atual. Nem sempre isso é covardia, também pode ser sábio reconhecer que, em um determinado dia, em uma determinada situação, não conseguimos reagir bem, talvez porque não nos sentimos tão bem. Ou seja, a coerência do complexo do eu não é tão boa naquele dia a ponto de podermos permitir o confronto[12].

Até agora temos partido do pressuposto de que um ato de resistência é possível e que a resolução de um conflito pode realmente ser bem-sucedida. Existe, porém, também outra possibilidade: o ataque de fora nos afeta tanto em nossa autoestima, ou nossa autoestima já está tão debilitada, ou experimentamos o ataque de fora como tão violento que nem pensamos mais em uma fantasia de raiva, e a única opção que nos resta é a retirada. O resultado é uma insegurança, um desamparo ou, talvez, uma fantasia de medo.

Vivenciamos medo quando somos confrontados com uma situação ambígua e complexa e nos sentimos impotentes diante dela. É a sensação de impotência que desencadeia o medo[13]. Nós sentimos o medo de formas diferentes no corpo, mas existem basicamente dois fenômenos que são descritos repetidamente na experiência do medo: o primeiro é a constrição, a experiência de não conseguir respirar, o segundo é a sensação de que nossas pernas não conseguem mais suportar nosso peso. As pessoas que têm medo contam, por um lado, que seus joelhos tremem, por outro lado, que sua garganta está apertada, que não conseguem mais respirar livremente. Em um verdadeiro ataque de ansiedade, todas essas coisas ocorrem juntas: então o corpo inteiro treme e

---

12. KAST, V. *Die Dynamik der Symbole* – Grundlage der Jungschen Psychotherapie. Olten, 1990 [trad. bras. *A dinâmica dos símbolos*. Trad. de Milton Camargo Mota. Petrópolis: Editora Vozes, 2013].

13. KAST, V. *Vom Sinn der Angst*. Freiburg, 1996.

você também não consegue mais respirar. Você fica surpreso por ainda estar vivo.

Quando somos impedidos naquilo que queremos, podemos cair na impotência em vez de sentir raiva. Isso acontece quando o complexo do eu é habitual ou atualmente pouco coerente, o que se mostra em uma baixa autoestima ou quando o ataque de fora, a resistência que se opõe ao nosso desejo, é grande demais para nós. Então tudo o que resta são retirada e medo. A parte agressiva, que seria encontrada na fantasia da raiva, costuma então ser projetada para o mundo exterior, para a pessoa que resiste ou ataca. Essa pessoa é então descrita como agressiva e "maligna". Ou a projeção é dirigida muito mais abstratamente para o mundo ou para a vida como um todo. Nesse caso, a pessoa não consegue lidar com este mundo maligno e não consegue chegar a um acordo com ele. Ou a parte agressiva é dirigida contra si mesmo e diz: eu sou uma pessoa estúpida, por que tenho tanto medo? Isso, por sua vez, resulta em um círculo de medo. Se você não se permite sentir raiva, você cai em medo. A raiva que ainda pode ser experimentada é então dirigida contra si mesmo na forma de uma autocrítica furiosa, por exemplo, ou é projetada. Naturalmente, o medo faz parte da posição de vítima.

O medo é definido como um aumento desagradável de excitação, que também pode ser percebido no corpo. Notamos isso quando somos surpreendidos pelo perigo, a situação é ambígua e nenhuma reação parece possível. Nessa situação, nos sentimos impotentes. Esse aumento desagradável de excitação mostra claramente que nosso corpo está com medo. A psicologia emocional não se cansa de discutir se o corpo sente medo primeiro e depois desenvolvemos fantasias de medo e então as designamos de medo, ou se o medo psicológico se faz presente primeiro e depois o corpo fica com medo. Sempre acho essa especulação sobre quem veio primeiro, o ovo ou a galinha, bastante entediante. Afinal de contas, os dois lados praticamente se unem: sentimos medo no corpo e nos damos conta: tenho medo. Tentamos então, naturalmente, encontrar uma solução e, no caso do medo, temos muitos mecanismos de defesa e de enfrentamento à nossa disposição, sobre os quais não pretendo falar aqui[14]. Pois meu objetivo aqui é descobrir o que acontece na posição de vítima e por que nos identificamos tão facilmente com o agressor na posição de vítima – o que nos coloca ainda mais na posição de vítima. O medo só se instala quando estamos indefesos.

Enquanto tivermos a sensação de que podemos lidar com um perigo, venha ele de dentro (da nossa psique) ou de fora (do mundo exterior), temos apenas um medo moderado ou nenhum medo. Entretanto, quando temos a sensação de que perdemos nossa perspectiva, que estamos em uma situação ambígua e não podemos fazer nada, então esse medo paralisante geralmente aparece.

A impotência é uma sensação horrível, sentimos um aperto ou um nó na garganta, uma pressão desconfortável na parte superior do abdômen, sentimo-nos muito pequenos e, se é que conseguimos permitir isso, finalmente sentimos raiva. O medo e a raiva estão relacionados. A impotência é desagradável, para muitas pessoas também é um tanto embaraçosa. Portanto, as medidas corretivas devem ser tomadas rapidamente. Perdemos todas as nossas competências nessa situação. Como regra, as pessoas procuram ajuda rapidamente quando se sentem indefesas. Isso pode ser facilmente ilustrado com

---

14. Ibid.

situações cotidianas: por exemplo, quando o carro quebra e, de repente, você se sente completamente impotente. E agora você já fica grato quando alguém abre o capô do carro para você e dá uma olhada. Você só percebe mais tarde que essa pessoa talvez compreenda ainda menos de mecânica do que você, mas você não se permite essa percepção na situação de impotência. Essa impotência nos coloca facilmente em uma situação semelhante à de uma criança. Levantamos nossas mãos, por assim dizer, e dizemos: "Por favor, por favor, me ajude". A psicologia afirma que pessoas muito angustiadas procuram objetos orientadores. Em vez de "objetos orientadores" (a expressão vem de Karl König)[15] eu prefiro usar o termo "pessoas orientadoras", porque procuramos pessoas que podem ajudar e orientar. A palavra "orientação" indica muito bem que não se trata apenas de ajudar, mas realmente de orientar. Uma pessoa angustiada está sempre à procura de alguém que a oriente. É fácil fazer essa experiência: por exemplo, se você estiver em uma multidão e alguém o estiver segurando, essa pessoa pode guiá-lo através da multidão.

No entanto, você também pode ser orientado ou direcionado para onde não quer ir. Portanto, orientação tem dois lados. Um dos lados é, naturalmente, extremamente favorável, você não precisa ficar atento para onde você vai. Se você estiver no lugar errado, pode simplesmente reclamar. O lado negativo é que você não tem mais nenhuma vontade própria, ou muito pouca vontade própria. Em termos práticos, isso significa que as pessoas que têm muito medo de sair para a rua, por exemplo, dependem sempre de alguém que possa ir a qualquer lugar com elas.

---

15. KÖNIG, K. *Angst und Persönlichkeit* – Das Konzept und seine Anwendungen vom steuernden Objekt. Göttingen, 1981.

Isso se aplica não só à vida externa, mas também à psique. Por exemplo, se você tiver muito medo de decidir algo, então as pessoas ao seu redor sempre tomarão as decisões por você. Elas passam então a ser pessoas orientadoras. No caso de pessoas que sofrem de distúrbios de ansiedade, essa pessoa orientadora é geralmente o parceiro. Grande parte da sua própria agressão é então delegada a ele.

Não estou me referindo à destruição aqui, mas à agressão no sentido de: aproximar-se das coisas, fazer algo, realizar algo etc. Essa delegação resulta em uma relação altamente ambivalente, porque, por um lado, a pessoa com muito medo precisa de uma pessoa que a oriente, tome decisões etc. Por outro lado, a agressão é projetada sobre essa pessoa da qual ela depende, ou seja, ela sempre é questionada de forma suspeita se não está fazendo algo desfavorável para a pessoa que depende dela. Entretanto, a pessoa angustiada não pode expressar essa suspeita porque depende da pessoa orientadora.

Ter medo é algo completamente normal. Também é normal que, em situações que provocam medo em nós, procuremos outras pessoas com as quais possamos conversar sobre a situação ou que possam nos acompanhar. Naturalmente, faz uma grande diferença se você procura uma pessoa orientadora diferente a cada situação que enfrenta e permite que sempre seja outra pessoa que o oriente, se você ocasionalmente orienta a si mesmo, se você também é uma pessoa orientadora para outras pessoas, ou se você depende absolutamente sempre da mesma pessoa orientadora.

Quando uma única pessoa é responsável por nossa orientação, caímos em uma grande e ambivalente dependência dessa pessoa. As pessoas que são usadas como "objetos orientadores" sentem, é claro, se a pessoa dependente lhes mostra uma gratidão pura ou se essa gratidão está misturada com agressão. Em algum momento essa interação deixa de funcionar – e geralmente isso é bastante favorável. Porque agora a pessoa constantemente angustiada é obrigada a assumir responsabilidade por si mesma, é obrigada a se desenvolver. Ela tem que, por exemplo, decidir fazer uma terapia na qual essa questão de medo e agressão seja abordada.

A impotência, a busca por ajudantes e a projeção de agressão sobre estes significam que os ajudantes são facilmente experimentados como agressores. Isso também pode acontecer no relacionamento com os terapeutas. As pessoas com um distúrbio de ansiedade mostram a eles o quanto são importantes, como se sentem seguras com eles. Mas então fazem comentários como: "Sou imensamente grato por poder estar com você e por você fazer tamanho esforço por mim. Infelizmente, mesmo depois de anos de tratamento, ainda não tivemos nenhum sucesso". Nessa última frase há uma agressão passiva, o terapeuta é o culpado final pela falta de sucesso. A ambivalência que se revela nessa afirmação é típica da dinâmica que ocorre quando as pessoas são dominadas pelo medo.

A agressão projetada e a identificação com o agressor

Ajudantes facilmente se tornam agressores, não apenas no caso de distúrbios de ansiedade. Repetidas vezes nós nos deparamos com situações em que as pessoas nos passam a sensação de que devemos ajudar. E uma vez que estamos nessa posição de ajudante, é fácil entrar na posição de agressor, ou seja, quando assumimos algo que elas mesmas deveriam fazer. Como ajudante, assumimos uma responsabilidade que não é nossa; isso pode chegar ao ponto em que a pessoa que procura ajuda se sente incapacitada.

O fato de que, nessa situação, o ajudante é percebido também como agressor é compreensível e mostra que a vítima não quer permanecer completamente na posição da vítima. Entretanto, a ambivalência é percebida pela vítima como extremamente desagradável. Existe, por assim dizer, uma luta interior quando, por um lado, você sabe que depende da outra pessoa e, por outro, se irrita com o fato de precisar dessa pessoa. Uma maneira de sair dessa situação é identificar-se com o agressor. Então você deixa de ter a impressão de que precisa dessa pessoa, mas sente que pertence a essa pessoa. Agora, já não são mais dois sistemas que se encontram, mas uma pessoa se sente completamente ligada a outra em um *mesmo* sistema. E então você não precisa mais se censurar por não conseguir resolver seus problemas sozinho. Quando existe apenas um sistema, não importa quem faz o quê. Como isso acontece pode ser claramente ilustrado por um fenômeno social, quando alguém se aproveita do medo dos outros. Se você quer vender uma ideologia, primeiro você precisa assustar as pessoas-alvo da ideologia em questão; você precisa gerar muito medo em determinado grupo de pessoas. Essas pessoas são colocadas na posição de vítimas. Esse medo deve passar a impressão de que nada pode ser alcançado por força e esforço próprios. Assim essas pessoas passam a se sentir impotentes, podem até adoecer, porque o medo adoece. Elas se sentem atacadas e ameaçadas.

Agora o terreno está preparado para a ideologia. Primeiro você pode mostrar a essas pessoas a posição ruim em que se encontram, pode também culpá-las por isso, não só assustando-as, mas também atacando-as ao mesmo tempo, o que, por

Abandonar o papel de vítima

sua vez, reforça o medo. Então você promete um sistema que dará segurança, que fará desaparecer o medo, restabelecerá a dignidade ferida. Aqui na Suíça, folhetos publicitários são distribuídos dizendo: "Os assaltantes rondam sua casa". Então, com a ajuda de muitas estatísticas, eles provam com que frequência ocorrem assaltos. Na página seguinte, os habitantes dessas casas são então atacados com acusações: eles não estão fazendo nada para garantir a segurança de seu lar, estão sendo negligentes. O leitor de alguma forma se sente pego no ato, reage ou com raiva ou com medo. Aos mais medrosos, o folheto oferece então um sistema de segurança muito caro. Às vezes, isso já basta. Quando o objetivo da ideologia é simplesmente vender um sistema de alarme, isso pode ainda ser relativamente inofensivo. Mas ideologias políticas não são inofensivas. Se alguém aparecer agora e disser: "Todos vocês perderão seus empregos, mas se votarem em nosso partido, todos terão trabalho. A propósito, sabemos exatamente quem é o culpado pelo fato de vocês estarem desempregados. Os culpados são...", então muitos dos que se assustam com isso votarão nesse partido. Se esses atacantes ideológicos oferecerem também um canal para que a agressão escondida no medo ou até mesmo a raiva impotente contra alguém possa se manifestar, essas pessoas voltarão a se sentir fortes. Se, além disso, o partido oferecer uma participação ativa, transmitir uma sensação de pertença (*"Nós conseguiremos vencer juntos!"* "Quem, se não nós!"), a identificação com o agressor é muito tentadora. A pessoa se torna um seguidor ardente dessa ideologia, mas, em algum lugar, sabe que é vítima porque desistiu de sua independência. O lado da vítima é projetado sobre aqueles contra os quais a ideologia se dirige, mas a falta de autonomia ainda assim tem efeitos psicológicos. Ao identificar-se com o agressor, a pessoa se distancia de si mesma. Se a pessoa se identifica com o agressor, ela se identifica com uma força que não pertence à sua própria personalidade. É uma força emprestada. Na história de Barba Azul, vimos a força emprestada. Isso nos torna cegos para nossa própria posição de vítimas, embora saibamos secretamente que estamos nessa posição.

Esse poder emprestado nos distancia de nós mesmos. A identificação com o agressor também acontece dentro das famílias. As crianças que vêm de uma família onde o pai era muito punitivo podem dizer, por exemplo: "Sim, meu pai foi incrivelmente duro, mas ele estava certo. Ele queria fazer de mim uma boa pessoa". Isso também é uma identificação com o agressor; é um mecanismo de defesa necessário para suportar a situação. Pois ser apenas vítima é insuportável, e esse papel é percebido como injusto. Por isso, a pessoa se identifica com o agressor e com seus argumentos. Isso lhe permite lidar com a angústia, pelo menos por enquanto. A longo prazo, é claro, isso não é uma maneira saudável de lidar com o medo. Aliás, esse mecanismo de defesa também é conhecido entre as vítimas de agressão sexual. Por exemplo, uma garota que foi abusada pode se identificar com o abusador e assumir a culpa porque o abusador lhe disse que a culpa era dela, que ela o seduziu e assim por diante. A identificação com o agressor indica grande medo.

Mas a identificação com o agressor já começa quando praticamos uma autocrítica injustificada – não estou me referindo a uma autocrítica saudável na qual se olha para si mesmo de forma crítica para avaliar se algo é bom ou precisa ser melhorado. Estou me referindo à autocrítica das pessoas que, na verdade, não olham para si mesmas de forma crítica, mas condenam duramente suas próprias ações e seu próprio ser e se destroem no processo. Esse comportamento tem pouco em comum com as críticas objetivas. Muitas vezes, a pessoa se identifica de alguma forma com um agressor na infância que sempre dizia: "Você nunca faz nada certo" etc. Assim, ela se identifica com o agressor sem estar ciente de que ela mesma está se transformando em seu próprio agressor. E essa é precisamente a dificuldade: na maioria das vezes, a pessoa nem percebe o que está fazendo a si mesma. E é por isso que ela nunca diria de si mesma: "Eu devo assumir responsabilidade por ser tão dura comigo mesma ou por me criticar de forma tão injusta". Ela se põe para baixo, ainda se sente meio vitimizada, mas se identifica com o lado agressor. Com essa atitude, ela se afasta do seu próprio centro e dos seus próprios sentimentos.

A fuga para a grandiosidade

Pode acontecer que a impotência surja também em uma área da vida ou em uma situação em que não haja ajudantes disponíveis ou em que os próprios possíveis ajudantes se sintam impotentes. Essa impotência surge, por exemplo, em situações traumatizantes nas quais a ajuda não está mais disponível. Ao identificar-se com uma ideia de grandeza, as pessoas afetadas conseguem ao menos sobreviver. Por exemplo, as meninas traumatizadas sexualmente costumam dizer que se "separaram" de seu corpo que sofreu coisas tão terríveis, e que então foram acolhidas por uma maravilhosa figura de luz. Tal fantasia ajuda a sobreviver.

Tal impotência pode ocorrer também, por exemplo, quando você vive em um país onde muitas pessoas que não são convenientes para o governo simplesmente desaparecem. Em uma situação assim, você não pode fazer muito e logo se vê na posição de vítima.

Naturalmente, tais situações afetam enormemente nossa autoestima. Nossa autoestima não é apenas algo interno que desenvolvemos ao longo do tempo, ela está também intimamente relacionada à forma como somos valorizados pela sociedade em que vivemos. Se for constantemente desvalorizado, eventualmente você se sentirá desvalorizado ou terá que gastar uma quantidade desproporcional de energia para evitar que esse sentimento o domine. Você se vê obrigado a se idealizar – e a idealizar possíveis camaradas de luta – a fim de compensar tal desvalorização.

No entanto, a impotência surge não só em situações extraordinariamente difíceis ou traumatizantes. Há também circunstâncias em que as pessoas mostram repetidas vezes a seus ajudantes que nenhuma ajuda é suficientemente boa em sua situação particular, que nada realmente ajuda. Como resultado, os ajudantes se retiram. Mas a pessoa na posição de vítima também se retira. O que resta é idealizar essa posição de vítima. Ela diz: "Tenho um problema tão difícil que ninguém se atreve a enfrentá-lo, só posso suportá-lo sozinha". Nessa posição de vítima, na qual a pessoa está realmente indefesa e na qual ela se sente atacada e está convencida de que nem ela nem ninguém pode fazer nada a respeito, a idealização dessa situação pode pelo menos estabilizar a autoestima a tal ponto que ela consiga sobreviver. Os psicoterapeutas se veem confrontados com pessoas que se estabilizaram em uma posição de vítima grandiosa. Elas não são mais simplesmente vítimas das circunstâncias, mas vítimas de circunstâncias grandiosas. Assim, uma fantasia de grandeza também interfere na dinâmica entre vítima e agressor, uma ideia de grandeza necessária para estabilizar pelo menos temporariamente uma frágil sensação de autoestima. Essa idealização da posição de vítima pode ser temporariamente bem-sucedida. Quando isso acontece, o resultado é uma dinâmica muito sinistra para a vítima: já que somos vítimas grandiosas, e não simplesmente vítimas, queremos permanecer nessa posição de vítima. Não há, então, nenhuma razão para fazermos qualquer esforço para sair da posição de vítima. As pessoas que idealizam sua posição de vítima geralmente expressam muita autocomiseração, uma espécie de empatia equivocada consigo mesmas. Muitas vezes, essa autocomiseração faz com que as pessoas reclamem de tudo e acaba degenerando em uma queixa notória. É reclamar apenas por reclamar. Essa atitude parece ter virado moda em nossa sociedade atual. Na Suíça, por exemplo, a reclamação é um esporte popular. Você precisa reclamar de tudo e não consegue aceitar nada do jeito que é. Você não pode admitir que algo é simplesmente bom, interessante e excitante. Mas também não há agressão suficiente para fazer um esforço informado para mudar as coisas.

Essa autocomiseração é uma forma equivocada de empatia. Quando alguém está na posição de vítima – mesmo que ela possa ser grandiosamente exagerada no momento – está em uma posição muito ruim. Nessa posição, só lhe resta idealizar-se a si mesmo; quando o mundo exterior o critica, ele precisa fazer um esforço muito grande para manter esta idealização. Em vez de sentir pena de si mesmo, seria importante ser verdadeiramente empático consigo mesmo em uma situação tão difícil e vergonhosa. Desenvolver compaixão consigo mesmo, admitir a si mesmo toda a miséria da situação sem repreendimento próprio. Só então podem surgir ideias sobre como sair dessa posição de vítima. É exatamente isso que a autocomiseração impede: em vez de perceber os impulsos de mudança a partir da empatia, a situação se estabiliza.

Ainda que a autocomiseração indique uma direção correta, ou seja, que é necessário lidar emocionalmente consigo mesmo, tornar-se empático consigo mesmo, é precisamente a autocomiseração que impede uma mudança. Empatia e autocomiseração não são a mesma coisa. Quando somos empáticos, temos compaixão verdadeira por nós mesmos, o que nos leva a perceber nossas necessidades e dificuldades mais profundas e a mudar de acordo com elas. Na autocomiseração, sentimos pena de nós mesmos e esperamos que alguém finalmente nos ajude, nos veja, que a mudança venha de fora.

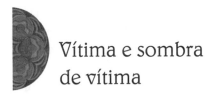# Vítima e sombra de vítima

Como você reage a pessoas que se apresentam como vítimas grandiosas fora de uma situação terapêutica? Muitas vezes, você percebe que despreza secretamente essas pessoas. Vítimas não são atraentes. Por exemplo, o mundo exterior dirige acusações à vítima: "Mude", "Faça algo", "A culpa é sua". Se você for honesto e permitir este pensamento, perceberá que há desprezo em tais afirmações. Isso certamente se deve ao fato de que as vítimas geralmente não se apresentam de maneira atraente e também ao fato de projetarmos nossa própria sombra de vítima sobre as vítimas: temos muito medo de nos tornarmos nós mesmos uma vítima. Vemos isso, por exemplo, em afirmações como: "Se você tivesse feito isso, você não teria...". - "Eu já lhe disse seis anos atrás que você deveria ter feito isto e aquilo". Você não presta nenhum serviço à outra pessoa se lhe disser hoje: "Se você não tivesse tomado aquela decisão seis anos atrás, essa catástrofe não teria acontecido agora". Culpar as vítimas é a forma mais comum e menos útil de lidar com elas. Expressa apenas seu grande medo de se tornar uma vítima. Isso transforma você em um agressor – sem qualquer utilidade.

Todos nós somos vítimas em certas áreas da vida, mas, já que acreditamos que não deveríamos ser vítimas, atacamos as pessoas que se encontram visivelmente na posição de vítimas. Ocasionalmente, as pessoas que se estabelecem em sua posição de vítimas também lucram com isso à sua própria maneira. Quando isso acontece, também ficamos com inveja dessas pessoas[16].

Vimos que essa posição de vítima grandiosa é uma posição de retirada total na qual a pessoa desiste da vontade de mudar. Tudo o que é vital, tudo o que tende à mudança, à melhoria dessa situação, é vivenciado como ameaça. Nada pode ser feito, e nada deve ser feito. Dessa forma, o tema do sacrifício[17] torna-se a coisa mais importante na vida. Mas isso levanta a pergunta se a pessoa em questão realmente tem que sacrificar algo e se esse comportamento aborda o antigo tema do sacrifício. Será que essas pessoas realmente teriam que sacrificar algo, e se sim, o quê? Quando alguém insiste em uma posição sacrificial, às vezes, até mesmo a identificação com Cristo desempenha um papel: nesse caso, porém, isso acontece somente em relação ao aspecto do sofrimento e, claro, sem a vontade de realmente entregar a própria vida. O peculiar das pessoas nessa posição sacrificial é justamente que elas não podem e não querem sacrificar essa posição. Isso pode até expressar um amor latente pela vida[18].

Sacrificar algo também pode significar sacrificar algo a um deus, reconciliando assim o deus ou a deusa e renovando o relacionamento com ele ou ela. Dessa forma, a pessoa

---

16. KAST, V. *Neid und Eifersucht* – Die Herausforderung durch unangenehme Gefühle. Zurique, 1996.

17. Em alemão, a palavra "Opfer" denota "vítima" e "sacrifício". Aqui, a autora aproveita o significado duplo da palavra alemã para mostrar, como "vítima" e "sacrifício" estão relacionados [N.T.].

18. KAST, V. "Zum Opfer werden" – eine "latente Liebe zum Leben?" *Schleswig-Holsteinisches Ärzteblatt*, Heft 10, 1982, p. 816-821.

também se tornaria uma nova pessoa, teria um novo significado na vida, e esse ato poderia expressar um amor pela vida. A ideia de se sacrificar é uma ideia que percorre a história humana. Ela se expressa mais claramente na figura de Cristo: sacrificar-se para que uma transformação essencial possa acontecer para a humanidade, uma melhoria na qualidade de vida, que é o sentido da ideia de sacrifício.

Essa ideia de sacrificar-se se torna visível onde alguém se coloca completamente a serviço de uma causa, na expectativa de um milagre. O aspecto de entrega total é muito importante aqui – se permanecermos no *status* de vítima, nós nos entregamos totalmente! Tal sacrifício é agressivo: alguém, ciente de que não tem outra escolha, usa todas as suas forças e se entrega totalmente. A agressão se expressa ainda mais claramente naquelas pessoas que sacrificam sua vida e, ao fazê-lo, chamam a atenção do mundo para uma injustiça, e este sacrifício abala. Penso aqui na recusa de Gandhi de comer como manifestação de protesto ou nas chocantes autoimolações cometidas por monges budistas em protesto contra a Guerra do Vietnã. Nesse sacrifício ativo, a agressão não é dissociada, mas é parte do sacrifício: expressa que obter mudança não é possível de outra forma. O tema do sacrifício diz respeito a uma situação limite da vida humana, a uma decisão radical permeada pela ideia do absoluto.

É possível também que a pessoa que se resignou em seu papel de vítima passiva, em última análise, também queira essa mudança, toda essa entrega, mas não a alcança. Aqueles que se fazem de vítimas também parecem agressivos em sua recusa impotente. O sacrificador ativo assume total responsabilidade pelo que está acontecendo agora. A vítima passiva, por outro lado, também assume responsabilidade, mas indireta e metafisicamente, por assim dizer, por tudo o que já aconteceu – seus sentimentos de culpa são tão grandes que ela não consegue mais se mexer e é incapaz de assumir responsabilidade. Sua resposta teria que ser tão fundamental, tão decisiva, que ela não pode ser dada. As vítimas passivas preferem se entregar completamente porque não conseguem aceitar a perda diária. Elas se sacrificam – mas a que deuses, com que esperanças? O desejo e o anseio de transformação, o anseio de uma conexão com algo maior, mais abrangente, finalmente se extingue, seja no desamparo lamentável ou no grandioso embelezamento da posição de vítima, o que torna a vítima ainda mais vítima. Na melhor das hipóteses, ainda existe a fantasia da grande vingança, se é que, em algum momento, ela se torne possível.

De uma maneira muito prática, a agressão existe, e ela contém a possibilidade de realmente fazer o sacrifício necessário. Quando falarmos sobre "complexos", mostrarei como esses lados agressivos podem ser encontrados. Mas é também uma questão de compreender os lados agressivos em todo o sistema de relacionamentos e de lidar com eles. Se, por exemplo, um terapeuta esconde sua própria raiva de uma pessoa com transtorno de ansiedade porque teme que a pessoa em questão não seja capaz de suportar a raiva do terapeuta, que ela possa desabar ou ser gravemente ofendida, então nada muda. E o terapeuta se torna emocionalmente inautêntico. Para que a terapia seja bem-sucedida, a autenticidade emocional do terapeuta é muito importante.

O caminho para a agressão também passa pela "coragem para o medo". Essa expressão foi cunhada por Karl Jaspers. Isso significa que, quando temos medo, devemos também nos perguntar se realmente temos que recuar ou se podemos ser corajosos, se podemos enfrentar esse medo.

Finalmente, é muito importante enxergar o mecanismo de defesa que age na identificação com o agressor. É preciso ver onde, ao identificar-se com o agressor, você entra em uma pseudoautonomia e em uma pseudoagressividade que só parece ser útil e na verdade é muito prejudicial.

Não se trata apenas de como encontrar essa agressão transformadora, mas também de como regular e estabilizar a autoestima sempre de novo.

Normalmente, tentaríamos descobrir onde estão os nossos recursos. Na verdade, quase todos têm algum refúgio onde algo é bom e onde os recursos ainda estão disponíveis. Mas quando essa idealização do papel de vítima é tão grande, esses recursos não podem ser encontrados. Portanto, se um terapeuta continua dizendo: "Sim, mas você ainda tem algo aí, você ainda tem algum recurso", o paciente não consegue absorver isso – os recursos estão indisponíveis. É muito melhor confirmar que "assim" nada funciona na vida. Então você tem uma chance de que o paciente reaja e resista – ou que, pelo menos, ele se sinta compreendido. A intervenção é honesta: se a pessoa quiser persistir na posição de vítima, então nada pode mudar. Com essa atitude, você não pode fazer nem mudar nada. E quanto mais tentamos mostrar a essas pessoas que ainda pode haver alguma saída, mais elas nos veem como agressores, mais terão que nos provar que esse não é o caminho para elas. Temos que sacrificar a posição da vítima – não há como contornar isso.

É claro que, paralelamente, podemos sempre perguntar também o que o agressor deveria atacar realmente, pois obviamente o ataque está ocorrendo no lugar errado. Ou também: o que a vítima deveria atacar, o que o agressor deveria sacrificar.

O agressor, a vítima e os complexos

Por que é tão difícil escapar dessa dinâmica de agressor e vítima? Por que os dois lados são tão interconectados? Onde há uma vítima, há um agressor, onde há um agressor, há uma vítima. Quando uma vítima recebe ajuda, a pessoa que ajuda se transforma facilmente em agressor. Isso pode chegar ao ponto em que a ajuda não é reconhecida como tal, mas é experimentada como uma ameaça. E as pessoas na posição de vítima também parecem estar cada vez mais expostas a agressões.

Até agora, ora temos contemplado mais o lado agressor ora analisado mais o lado da vítima. Ficou claro que os agressores delegam à vítima medo, impotência, sentimento de culpa, a sensação de depender e de estar à mercê. Quando delegamos algo, fazemos com que outra pessoa faça algo por nós, também psicologicamente. Então nos convencemos de que não precisamos mais lidar com isso. No entanto, sempre temos algo a ver com a pessoa a quem delegamos algo. Em vez de enfrentar o problema, agora temos que lidar com o problema no relacionamento. Porque as questões psicológicas não podem ser delegadas.

A vítima delega ao agressor a agressão, o desejo de realizar algo, a determinação, a destruição, o desprezo. Então a vítima passa a temer o agressor. O agressor, por sua vez, delega o medo à vítima, despreza-o e combate-o ali. Em última análise, portanto, trata-se de um problema de agressão e medo. Isso já se tornou claro na história de Barba Azul. No fundo, vítima e agressor teriam que aprender a admitir e assumir seu medo e sua agressão.

Mas o agressor afasta o medo de forma contrafóbica. "Contrafóbico" significa que a pessoa está com medo, mas finge não temer o diabo. Essa atitude é apoiada pelo fato de que a nossa sociedade como um todo é bastante contrafóbica. Essa atitude não deve ser confundida com a coragem para o medo. A pessoa que tem coragem para o medo consegue, por exemplo, dizer sem quaisquer rodeios: "Tenho medo, mesmo assim vou fazer isso", ou: "Tenho medo e todo meu corpo está tremendo, mesmo assim vou fazê-lo. Se eu recuar agora, recuarei cada vez mais". O contrafóbico diz: "Medo? Nem sei o que é isso. Medo é algo que os outros têm – eu não". Encontramos essa atitude com bastante frequência nos montanhistas, por exemplo. Podemos identificar o contrafóbico no fato de ele não se permitir mostrar medo na frente de outros. Se demonstrássemos medo na presença deles, eles se tornariam extremamente abusivos. Eles costumam transformar a pessoa que mostra medo imediatamente em uma vítima, mesmo que o medo seja completamente justificado. Pois o medo manifestado por outros põe em perigo a defesa das pessoas contrafóbicas. Assim, os montanhistas contrafóbicos têm secretamente medo de que seu medo também possa irromper se alguém de repente mostrar seu medo justificado. Os contrafóbicos são perigosos. O medo serve para nos alertar, ele tem a função de indicar que algo é perigoso para nós. O que é perigoso para uma pessoa varia de pessoa para pessoa. E o que nos assusta pode vir de fora ou de dentro. Os contrafóbicos não sabem o que é perigoso. Por exemplo, se ocuparem posições de responsabilidade e tiverem muita influência, poderão subestimar completamente situações perigosas. No entanto, se uma pessoa excessivamente medrosa fosse colocada nessa posição, seus subordinados seriam rapidamente confrontados com um excesso de controle de perigo, de modo que toda sua vida passaria a ser regulamentada. Nenhum dos dois casos é desejável.

A defesa do agressor é, portanto, contrafóbica. Essa defesa delega o medo à pessoa medrosa. Essa posição contrafóbica é então idealizada. Entretanto, ser contrafóbico não significa necessariamente ser um agressor. Mas é fácil tornar-se agressor. A tarefa das vítimas que delegam sua agressão seria a de aprender a lidar com sua agressão. Mas ao banir seu medo e agressão por meio do mecanismo de defesa de identificação com o agressor, toda a energia é basicamente transferida para o agressor.

Se tivermos que escolher entre essas duas posições, a posição de agressor é mais atraente em comparação com a posição de vítima. Isso também se aplica quando a posição de vítima é idealizada e leva à experiência de certa grandiosidade. A agressão ainda é idealizada em nossa sociedade, pelo menos secretamente. Isso acontece acima de tudo quando a agressão se transforma em violência.

Em muitos filmes, por exemplo, em que a violência desempenha um papel importante, os agressores são retratados como figuras ideais. Geralmente são figuras masculinas que então cunham a imagem dos homens, mas, há algum tempo, também a das mulheres. Entretanto, duvido que isso ajude as mulheres ou a sua imagem quando, de repente, as mulheres passam a ser aquelas que matam tudo que aparece na frente delas. Naturalmente, isso não significa que o clichê da mulher impotente deva continuar a ser perpetuado. Mas um clichê não deve ser simplesmente substituído por um clichê oposto. Seria desejável que todas as pessoas desenvolvessem a capacidade de lidar com o medo e de lidar com a agressão de forma responsável e, assim, assumissem um papel mais positivo e criativo. É justamente porque as pessoas em posições de vítima se identificam tão facilmente com o agressor que a idealização secreta do agressor é sempre reforçada.

Portanto, o tema de vítima e agressor trata da forma de lidar com o medo, com a agressão e de seu controle por meio de uma autoestima suficientemente boa. Esses elementos devem servir como nosso ponto de partida quando consideramos como sair desse emaranhamento entre vítima e agressor.

A autoestima problemática é temporariamente estabilizada pela grandiosidade. Uma forma existencial de combater a grandiosidade é enfrentar o fato de que somos mortais. As pessoas que já estiveram perto da morte conseguem distinguir melhor o que é realmente importante para elas na vida, o que as sustenta. Elas não se importam mais com demonstrações de poder. Mas a experiência de que a vida é finita também pode ser feita sem se aproximar da morte por meio de uma doença. Essa é uma experiência que vem naturalmente com o passar dos anos.

Kernberg[19] afirmou em um artigo muito importante que os distúrbios narcisistas só podem ser tratados a partir dos 40 anos ou mais de idade, ou seja, quando a pessoa percebe

---

19. KERNBERG, O. *Innere Welt und äußere Realität*. Munique/Viena, 1988, p. 137ss.

que a vida é finita. Sob a impressão da finitude da vida, não se torna impossível manter a grandiosidade. Ela pode perder essa grandiosidade diante do *memento mori* e assim alcançar certa humildade que torna impossível ver-se como uma vítima grandiosa ou um agressor grandioso.

O conceito dos complexos

A seguir, apresentarei um conceito que esclarece o que acontece no inconsciente quando o tema de agressor e vítima é ativado. No conceito de complexos[20] desenvolvido por C.G. Jung, essas imagens de agressor e vítima são claramente abordadas. O conceito data do início do século XX, e é extremamente interessante que, no final do século, Daniel Stern[21] tenha desenvolvido um conceito muito semelhante ao dos complexos. Entretanto, Stern não aborda a teoria dos complexos, mas desenvolve sua teoria a partir da observação de bebês. Discutiremos isso mais adiante.

Chamamos de complexos aqueles conteúdos do inconsciente que estão conectados por uma mesma emoção e uma informação comparável. O termo "complexo" tornou-se um termo comumente conhecido. Muitas pessoas falam de um complexo materno, de um complexo paterno ou de um complexo de inferioridade. No entanto, a princípio, isso não quer dizer muita coisa. Quando alguém diz que tem este ou aquele complexo, trata-se mais de uma afirmação que impede que se trabalhe em suas próprias dificuldades.

---

20. JUNG, C.G. "Considerações gerais sobre a teoria dos complexos" [In: OC 8/2].
21. STERN, D.N. *Die Lebenserfahrung des Säuglings*. Stuttgart, 1992.

Os complexos, porém, nos apontam um caminho: cada pessoa se cerca com uma atmosfera diferente, dependendo das formações de complexo prevalecentes[22]. Por exemplo, alguém com um complexo materno originalmente positivo vive de acordo com o princípio "viver e deixar viver" e vê a si mesmo como um enriquecimento para o mundo, e as pessoas que convivem com ele também devem perceber e honrar isso. Basicamente, ele está convencido de que é uma boa pessoa em um mundo bom.

Uma pessoa com um complexo materno originalmente negativo, por outro lado, diria o contrário sobre si mesma, ela se vê como uma pessoa má em um mundo mau, uma pessoa sem razão de existir. Essas pessoas têm sempre que fazer algo, ser úteis, para que se sintam aceitáveis. Naturalmente, esses são dois sentimentos completamente diferentes na vida e que também se comunicam de forma diferente quando interagem com as pessoas.

Cada formação de complexos tem suas vantagens e desvantagens. Os complexos são pontos focais de nosso desenvolvimento e podem e devem ser trabalhados. Voltamo-nos para os complexos para descobrir como podemos sair da fixação em agressor e vítima. Portanto, não analisaremos as grandes categorizações de complexos, mas procuraremos complexos muito menores e começaremos aí com nossas reflexões sobre como se libertar dessa fixação em agressor e vítima.

O conceito dos complexos apresenta uma semelhança muito grande com o conceito de Daniel Stern das "representações de interações generalizadas" (RIGs)[23]. Stern parte da

---

22. KAST, V. *Vater-Töchter, Mutter-Söhne* – Wege zur eigenen Identität aus Vater- und Mutterkomplexen. Stuttgart, 1994.

23. STERN, D.N. *Die Lebenserfahrung des Säuglings*. Op. cit., p. 143ss.

"memória episódica"[24] descrita por Tulving como a memória de experiências reais. Esses episódios lembrados podem dizer respeito a eventos cotidianos muito banais, como tomar o café da manhã, ou eventos emocionais importantes, como nossa reação às notícias do nascimento de uma criança etc. Na memória episódica, ações, emoções, percepções etc. são lembradas como uma unidade intrinsecamente indivisível, nas quais podemos, naturalmente, nos concentrar em aspectos individuais, tais como a emoção. Se episódios comparáveis ocorrerem repetidamente – por exemplo, peito materno, leite, saciedade – esses episódios são generalizados, ou seja, a criança espera que esse episódio volte a ocorrer dessa mesma forma no futuro. Esse episódio generalizado não é mais uma memória específica, "ele contém múltiplas memórias específicas. [...] Ela representa uma estrutura do decurso provável dos eventos que se baseia em expectativas médias"[25]. Naturalmente, isso gera também expectativas que podem ser frustradas. Segundo Stern, essas RIGs surgem de todas as interações; para ele, são unidades básicas de representação do eu central e dão ao bebê a sensação de ter um eu central coerente. Esse é o fundamento da experiência de identidade.

É possível estabelecer uma conexão entre esse conceito de RIGs e o conceito de complexos. A teoria da memória episódica explicaria como os complexos são armazenados na memória como representações, também explica que os complexos são constelados e reativados em certas situações que se assemelham a esses episódios formativos, mas que eles

---

24. TULVING, E. "Episodic and semantic memory". In: TULVING, E. & DONALDSON, W. (orgs.). *Organization of memory*. Nova York, 1972.
25. STERN, D.N. *Die Lebenserfahrung des Säuglings*. Op. cit., p. 142.

também podem ser evocados por meio de sensações relacionadas a esses episódios ou por meio de emoções que lembram os episódios formativos.

Para o conceito de complexos, nem todas as RIGs são essenciais, somente aquelas RIGs em que situações difíceis foram generalizadas. Esse conceito também levaria em conta a experiência de que as expectativas que resultam de memórias complexas raramente correspondem a um único episódio lembrado. Os complexos raramente surgem a partir de uma única situação traumática. Eles realmente representam algo como uma expectativa generalizada. Nela se revela que experiências e comportamentos complexos resultam em interações semelhantes que ocorrem repetidamente entre as figuras relacionais e a criança. É importante e possível lembrar episódios complexos: por exemplo, a imagem de um pai de aparência severa e enorme diante de um menino minúsculo, que gostaria de ser engolido pelo chão e, com um nó na garganta, não consegue produzir um som sequer por causa do medo que sente. Isso não significa que este episódio tenha realmente acontecido da forma lembrada. Mas ele permanece significativo como uma imagem do complexo, como uma imagem de um episódio generalizado. Esse aspecto é particularmente importante porque, às vezes, tiramos conclusões unidimensionais das imagens dos complexos e as transferimos para a realidade concreta e o comportamento dos pais concretos, ou seja, a imagem fantasiosa é equiparada à imagem real da pessoa. É claro que esses episódios têm algo a ver com a presença real dos pais expressa na interação, mas eles não podem simplesmente ser tratados como representações congruentes com a realidade. Isso vale especialmente no que diz respeito aos "complexos maternos" e aos "complexos paternos" em geral, que são, por assim dizer, a generalização dos episódios generalizados com mãe e maternidade, com pai e paternidade, e conferem à vida uma clara atmosfera emocional. E seria totalmente inadmissível deduzir a natureza da mulher ou do homem a partir das mães e dos pais objetos de nossos complexos, porque os complexos são "produtos de interação", e as mulheres não são apenas mães, os homens não são apenas pais. Além disso, na psicologia junguiana há, por assim dizer, mais uma expectativa interna: não há apenas a experiência com a mãe pessoal e o pai pessoal, existe em cada ser humano também a expectativa de maternidade e paternidade arquetípica; cada ser humano espera certa medida de maternidade e paternidade[26]. Sob esse ponto de vista, deveríamos entender também uma expectativa generalizada – no sentido de um potencial de fantasia coletiva – na criança, que inicialmente nada tem a ver com a experiência real da interação com os pais, mas presumivelmente é animada pela interação.

Outra conexão entre os dois conceitos é que os complexos podem ser desenvolvidos ao longo de toda a vida, mas que também podem ser trabalhados em qualquer etapa da vida. Para Stern, os diferentes níveis de autoconhecimento e, portanto, também a formação das RIGs nos diferentes níveis de autoconhecimento, permanecem ativos e em desenvolvimento ao longo da vida[27]. Nesse contexto, há também uma consideração terapêutica que aponta para pontos em comum entre esses conceitos: quando trabalhamos questões complexas da vida, não é necessário voltar à situação formativa. Basta vivenciar um episódio que aponta para o complexo. É

---

26. JUNG, C.G. "Considerações gerais sobre a teoria dos complexos" [In: OC 8/2].

27. STERN, D.N. *Die Lebenserfahrung des Säuglings*. Op. cit., p. 380.

possível, por exemplo, que um complexo constelado, tal como uma situação relacional em terapia moldada pelo complexo, lembre uma situação anterior na infância que transmita a "mesma" sensação. O terapeuta pode trabalhar com isso. Não é necessário buscar a situação primordial, pois toda situação complexa contém em si o episódio generalizado com as percepções e sensações associadas e, acima de tudo, com os afetos associados. Para Stern, nesse contexto, importa encontrar o "ponto de partida narrativo", a metáfora-chave[28]. Ele sente que a busca pela "versão original", que, de acordo com a teoria, se apresentaria sem distorções, é um processo sem fim, com poucas chances de sucesso, uma vez que um dos principais problemas provavelmente consiste em realizar as transferências de episódios pré-verbais para episódios verbais[29].

Inspirada por esse conceito de Stern, proponho ver os complexos ainda mais como uma imagem de um episódio generalizado. É claro que a psicologia profunda sabe há muito tempo que a mãe na nossa imaginação não coincide necessariamente com a mãe real concreta. Também é verdade que as mães têm uma vida própria e se desenvolvem. A mãe que você teve aos quatro anos de idade não é mais a mãe que você tem aos 25 ou 50 anos de idade. No entanto, nós dizemos: "Minha mãe era assim e assim". Isso é uma generalização e tem essencialmente a ver com a formação de complexos. Portanto, é bastante claro que a mãe de nossos complexos não é idêntica à mãe real concreta. E quando, ocasionalmente, os terapeutas ajudam a demonizar essas figuras, dizendo: "Você realmente teve uma mãe terrível", é melhor e mais correto

---

28. Ibid., p. 364.
29. Ibid., p. 363.

que digam: "Você sofreu terrivelmente, deve ter sido muito difícil para você". Mas eles de forma alguma devem dizer: "Você teve uma mãe terrível", porque eles simplesmente não a conhecem. Mas os sentimentos que essas pessoas têm são bem reais. O que elas experimentaram também é muito real, somente nosso julgamento é inadmissível.

Inspirados pela ideia da memória episódica, também tentamos ver e perceber os complexos, as situações-chave, mais fortemente como episódios. Imaginamos uma situação que acreditamos ser formativa, investigamos os sentimentos associados a ela, se ouvimos algo, se cheiramos algo, se conseguimos lembrar um toque ou movimento específico etc. Na memória, tentamos perceber um episódio o mais conscientemente possível, usando todos os canais de percepção.

> **Exercício**
>
> Relaxe. Perceba sua respiração, siga sua respiração e, ao expirar, libere sua tensão. Você não altera sua respiração, simplesmente a percebe. Agora, procure alguma situação em que você reagiu de forma excessiva. Talvez isso demore um pouco. Quando se lembrar de uma situação, tente lembrar-se do máximo de detalhes possível. Lembre-se também de como você se sentiu e percebeu nessa situação. O que passou pela sua cabeça, o que pretendia fazer etc. É importante lembrar-se com precisão. Então, desprenda-se das imagens e sensações.

Com a ajuda dessa imaginação, tentei reavivar um episódio complexo do passado. Reagimos de forma muito emocional quando um complexo é ativado. É claro que nós mesmos não costumamos sentir que estamos reagindo exageradamente, mas os que nos rodeiam experimentam nossa reação como uma reação exagerada e podem nos comunicar isso. Quando treinamos nossa autopercepção, adquirimos certa consciência de nós mesmos, percebemos nossa reação exagerada. Há situações muito específicas em que explodimos internamente como uma bomba, a emoção e os mecanismos de defesa são ativados antes que possamos refletir. Dizemos então frases como: "A mesma coisa sempre acontece comigo, sou sempre o coitado, sou sempre insultado etc. Não vou mais permitir que façam isso comigo". Essas afirmações já são um compromisso entre a emoção original real, como a raiva, e sua defesa. Se formos atingidos em uma área do complexo, uma emoção explode. Naturalmente, um tema de vida também é ativado, com memórias de experiências e fantasias, e nos defendemos contra a emoção como sempre a refutamos em nossa vida em conexão com esse complexo. Surge um padrão, e é útil analisar esses padrões porque nos oferecem uma oportunidade excelente de processá-los.

Reações exageradas também podem se expressar em uma retirada exagerada. Nem todas as pessoas mostram suas emoções; há também pessoas que são muito retraídas em uma situação emocional. Elas não explodem, elas implodem, ficam quietas, irritadas. Como pessoa de referência, você não é obrigado a suportar um ataque de raiva, em vez disso, deve tentar restaurar com cuidado o contato rompido. A forma de reação exagerada também diz algo sobre como uma pessoa atrai a atenção de outros nessa situação complexa. Se você exagerar na reação e se retirar excessivamente, você naturalmente provoca as pessoas a fazerem grandes esforços para ajudá-lo. Quando você explode, os outros fogem. Não se reage da mesma forma a todas as constelações complexas, embora certamente cada pessoa tenha uma preferência. Há complexos nos quais você tende a explodir com raiva, e outros nos quais se cala – dependendo inteiramente de quais foram a emoção e o processamento da emoção das situações de cunhagem.

Ser ignorado como tema de complexo

Suponhamos que "ser ignorado" seja o tema de um complexo. Isso significa que essa pessoa foi ignorada em algum momento – e provavelmente repetidamente – de sua vida. Os complexos podem se desenvolver ao longo da vida. Não é que eles se desenvolvessem apenas nos primeiros anos de vida, embora esse seja um período muito sensível para o desenvolvimento de complexos. Mas novos complexos podem sempre ser descobertos ao longo da vida toda, e eu acredito que a velhice é novamente um período de vida no qual muitos complexos podem se desenvolver. Um complexo não é algo que se forma uma vez e que depois, de alguma forma, se dissolve e nunca mais reaparece. Um complexo pode sempre emergir de forma nova e diferente. Jung descreveu os complexos como os pontos focais do indivíduo. São pontos nodais que denotam pontos de conflito com alto teor emocional. São, portanto, pontos de maior vivacidade, que se expressam quando ficamos muito chateados e "explodimos" em relação a certas questões.

Os complexos também são lugares de maior desajuste. Com um complexo de "ser ignorado" reagimos a uma pessoa que nos ignora como se ela reunisse em si todas as pessoas que já nos ignoraram na vida. É possível que, nessa situação específica, nem tenhamos sido ignorados, mas que simplesmente não fomos percebidos da forma que desejávamos ter sido percebidos. Com esse complexo, aproximamo-nos de outras pessoas com a expectativa de que elas não nos percebem. Às vezes, isso se manifesta na expressão física e na aparência como um todo. Há pessoas que adquiriram uma aparência que evita se destacar. Então, pode realmente acontecer que os outros quase não as vejam. Também pode acontecer que você esteja conversando ou discutindo com alguém e, de repente, percebe que essa pessoa não está realmente presente. Então é fácil ignorar tal pessoa. Pessoas com esse complexo já esperam e se comportam de uma forma que permite que sejam ignoradas.

Além disso, uma pessoa com esse complexo também é especialista em situações nas quais ela pode ser ignorada; ela praticamente procura situações ou temas de "ser ignorado". Mas ela também se sensibiliza para situações em que outras pessoas são negligenciadas. A sensibilização pode chegar ao ponto em que ela vota em um determinado partido político, por exemplo, porque ele se preocupa com os "ignorados".

Assim, nossos complexos estruturam claramente nossos interesses e nossa percepção do mundo. Os complexos são, portanto, algo bastante normal. Ter os mesmos complexos o tempo todo nos restringe: quando os complexos nos possuem e nós não possuímos os complexos, então algo tem que acontecer. Naturalmente, isso também se aplica a situações em que reagimos de forma exagerada: aqui o complexo nos possui: ou seja, somos controlados por algo inconsciente e não podemos mais controlar conscientemente a situação. Dizemos ou fazemos coisas das quais nos arrependemos depois. E então nós nos criticamos por isso, nos sentimos envergonhados por sermos tão descontrolados.

Na situação terapêutica, os complexos se constelam. De repente, os analisandos acusam o analista de não os ver. Eles podem até acrescentar que entendem isso, já que isso acontece com eles o tempo todo. Mas a raiva constante não pode ser negada. Na situação terapêutica, é muito fácil descobrir o que aconteceu e quais fantasias e sentimentos estão presentes. Uma vez que todas as pessoas têm complexos e reagem exageradamente em algumas situações, devemos também ser capazes de lidar com os complexos fora da situação terapêutica. Isso significa que devemos nos questionar sobre situações-chave em nossa vida. Devemos nos perguntar quando já experimentamos essa reação do complexo. Você não precisa voltar à sua primeira infância. Basta perguntar: Onde houve uma situação em que eu realmente experimentei o que agora aparece como uma fantasia? Portanto, é uma questão de identificar uma situação muito específica e concreta e não se contentar com a afirmação generalizada: "Sempre fui ignorado".

O episódio de complexo

Uma mulher que tem um complexo sobre "ser ignorada" conta: "Lembro-me claramente de uma situação em que fui negligenciada. Era uma tarde de domingo. Sugeri à mãe que pudéssemos ir fazer uma caminhada. A mãe olhou para mim de longe e disse: 'Não dou atenção às sugestões de pessoas tão pequenas'. Senti-me infinitamente só, desvalorizada, diminuída; depois fui embora e brinquei de 'passeio de domingo à tarde' com minhas bonecas".

É impossível dizer se sua mãe realmente disse esta frase. O que a mulher descreve aqui é um clássico episódio de complexo. Ela descreve um choque com sua mãe e o sentimento associado do eu infantil, e uma imagem também está associada a isso: ela se sente "diminuída". Ela também acrescenta a estratégia que escolheu para lidar com isso: ela encena com suas bonecas aquilo que queria ter feito concretamente com sua mãe, um passeio no domingo à tarde. Assim, a mulher já tinha um estilo criativo para lidar com esse complexo quando criança. Ao descrever um episódio de complexo, é impossível dizer se essa situação realmente aconteceu. Psicologicamente, ela é real e tem um efeito. Tais episódios de complexo são provavelmente episódios mais generalizados. As afirmações das pessoas que agem como agressores em nossos complexos podem ser muito precisas, também podem ser confirmadas de fora, por exemplo, por irmãos. Entretanto, várias declarações que abrangem todo um campo de declarações relacionadas também podem ser comprimidas em uma única afirmação, ou seja, generalizadas.

Tal episódio de complexo corresponde a uma situação-chave e explica por que esse complexo ainda é eficaz. Uma vez encontrada tal situação-chave, podemos fazer perguntas sobre outras situações-chave na área do tema de complexo. Quando perguntada sobre isso, a mulher disse que não era apenas sua mãe que a ignorava. Nos três primeiros anos letivos, ela frequentava uma escola onde um professor dava várias aulas ao mesmo tempo, havia seis turmas na mesma sala. Esse professor dizia regularmente aos pequenos: "Fiquem quietos, as crianças pequenas não devem ser ouvidas ou vistas, elas devem apenas estar presentes e sempre limpinhas". Gerações de alunos ouviram essa frase e ela também era repetida e recitada em voz alta em reuniões posteriores. Essa experiência ativou a experiência-chave original, e o complexo foi reforçado. Não sabemos por que a mãe reagiu daquela maneira e como a criança realmente se sentiu em relação a isso. Possivelmente, a mãe estava muito triste ou sobrecarregada. Não havia espaço para a filha pequena, ela não tinha o direito de participar da vida. Isso magoa uma criança profundamente. Depois ela vai para a escola e ouve novamente a mesma mensagem. A mulher está convencida de que também foi ignorada por seus colegas de escola e diz em retrospectiva que sempre se comportou da forma mais discreta possível para não incomodar ninguém. Ela se retirou para a sua imaginação. Tudo o que ela queria experimentar em sua vida, ela experimentou assim pelo menos em sua imaginação.

Assim, a experiência-chave que ela havia descrito pôde facilmente ser expandida. As emoções associadas a esses episódios de complexo são as mesmas e continuam a ter um efeito até hoje: ela se sentiu e ainda se sente sozinha, pequena, sem valor, incapaz de mudar a vida. As outras pessoas que a negligenciam são então, é claro, muito grandes e muito importantes. O polo agressor do complexo é transferido dela para essas outras pessoas. Ela praticamente vive na expectativa de ser negligenciada. Ela se retira para sua imaginação como uma precaução, mas depois reclama que a vida passa sem que ela possa aproveitá-la.

Não é necessário voltar para a situação de formação original para reconhecer corretamente o complexo. A psicologia profunda tem uma veia um tanto arqueológica. Se não houver melhora no tratamento de uma pessoa, há uma tendência de identificar um problema que ocorreu ainda mais cedo na infância, na suposição equivocada de que, se a situação problemática formativa fosse finalmente encontrada, o problema poderia ser resolvido. Os complexos, no entanto, são frequentemente localizados no período pré-verbal, ou seus fundamentos são pré-verbais – os complexos não resultam, exceto em situações traumáticas, de uma colisão única, mas muitas vezes da repetição da mesma colisão relacional. Na minha opinião, não é preciso voltar para essas primeiras impressões para poder trabalhar os complexos. É possível selecionar uma experiência-chave posterior que é enfatizada emocionalmente e, portanto, está viva na memória.

O complexo como constelação de vítima e agressor

O complexo é normalmente representado como um choque entre uma figura, que pode ser facilmente vista como o agressor, e uma vítima. Isso está relacionado à definição do complexo de Jung: "[O complexo] surge obviamente do choque entre uma necessidade de adaptação e a constituição especial e inadequada do indivíduo para suprir esta necessidade"[30].

Agora, uma adaptação não surge no vácuo, mas normalmente é trazida até nós por pessoas. Quando imaginamos nossa estrutura complexa, temos uma imagem de uma pessoa maior diante de uma pessoa menor. A narrativa do episódio de complexo descreve o choque geralmente entre um adulto e uma criança, também entre um irmão e o eu narrador. A emoção que a criança experimentou na época é descrita em detalhes. A narrativa evidencia em qual área da vida o narrador foi inibido. A mulher mencionada acima tinha a impressão de ser vista e, portanto, se via incapaz de exercer um efeito sobre o mundo, mas, em compensação, conseguia obter esse efeito

---

30. JUNG, C.G. *Tipos psicológicos* [OC 6, § 991].

ainda mais em sua imaginação. Essa vontade de ver e ser vista é inibida, sua aproximação ao mundo e sua apresentação ao mundo é prejudicada. Muito do que pertence à presença normal do eu está inibido nela, e assim seu senso de autoestima também é severamente prejudicado. Esse não-ser visto está ligado à autovalorização. Um complexo sobre ser ignorado também poderia ter sido definido de forma bem diferente. A afirmação do complexo poderia ser: "Você é tão feia que eu não vou mais olhar para você". Tal afirmação teria um efeito diferente: pelo menos atestaria que a pessoa existe, de forma inaceitável, mas presente. Uma pessoa é ignorada porque ela não é como deveria ser, mas na verdade não somos simplesmente não vistos só por sermos uma criança.

Em um episódio de complexo se expressa não apenas um tema de inibição, está presente também um tema de desenvolvimento. O tema de desenvolvimento em conexão com o episódio de complexo descrito seria: devo aprender a ser visto, devo me tornar visível, devo aprender a ver. Aprender a ver, porque as pessoas que não são vistas muitas vezes têm dificuldades de perceber outras pessoas em certas situações.

Quando um complexo é inconsciente, o eu se vivencia como uma vítima desse complexo. Que culpa tem essa mulher em relação ao fato de ser ignorada por todos? Para que então ela se veja obrigada a se retirar para sua fantasia, que também já não é mais tão satisfatória quanto era antigamente?

O episódio de complexo como um todo está representado em nossa psique. Mas lidamos com isso de tal forma que normalmente nos identificamos com a parte infantil. Os adultos então dizem: "Eu ainda sinto o mesmo que sentia quando estava com minha mãe". A parte adulta é projetada. Isso se expressa na afirmação: "Não é apenas um complexo, os outros realmente me ignoram o tempo todo".

E assim voltamos ao tema de vítima e agressor. Nós nos identificamos com a parte infantil do complexo, que é principalmente a parte da vítima. Projetamos a parte adulta, que geralmente é a parte agressora. Em uma idade relativamente avançada, é possível dizer: "Eu reajo assim porque minha mãe sempre me ignorou" ou: "Eu reajo assim porque os outros (pai, mãe, irmãos) sempre me ignoraram".

Os irmãos também desempenham um papel importante no desenvolvimento de complexos. Projetamos facilmente a parte agressora sobre as outras pessoas, também delegamos essa parte a elas, fazendo com que elas também se comportem no sentido do complexo. Dessa forma, uma pessoa continua a ser vítima desses agressores. Mas essa experiência relacional, enfatizada pelo complexo, está presente em nossa psique como um todo: a vítima e as partes agressoras também estão representadas em nosso inconsciente, para que possamos nos identificar com ambos os lados. Poderíamos também projetar os dois lados. A mulher que tem um complexo sobre ser ignorada possui uma grande capacidade de ignorar tudo o que ela não quer ver, de não ouvir tudo o que não quer ouvir. Ela fez isso repetidas vezes de uma maneira muito particular. No entanto, todo ser humano tem que ignorar os outros ocasionalmente a fim de atingir um determinado objetivo ou satisfazer uma necessidade específica. Normalmente, no entanto, sabemos quem ignoramos. Essa mulher, no entanto, não vê quem ela está ignorando. Quando compartilhamos essa observação com ela ou até mesmo mencionamos que ela poderia estar identificada com a mãe de seu complexo que a ignora e que poderia, portanto, estar se comportando dessa forma em relação a si mesma e em relação aos outros, ela insiste vigorosamente que ela sempre vê todas as pessoas.

Essa identificação inconsciente com a posição do agressor no complexo é o maior problema ao lidar com complexos. Uma vez reconhecida, porém, ela também oferece a maior possibilidade de desenvolvimento fora das constelações do complexo e, em última instância, de libertação da dinâmica de vítima e agressor. Para alcançar esse desenvolvimento, devemos nos identificar com ambas as partes. Se nos identificamos apenas com a parte infantil do complexo, então desenvolvemos empatia por nós mesmos e por nossa permanência nessa constelação do complexo, no entanto essa empatia por nós mesmos vale apenas para nós mesmos como criança. Uma criança ficará muito magoada se ela fizer uma sugestão e não só a sugestão não for atendida, mas isso vier acompanhado também por uma desvalorização dela como pessoa. "Eu não dou atenção a sugestões de pessoas pequenas". É fácil sentirmos empatia com essa criança, suporemos também que de fato ocorreram algumas situações desse tipo, e a partir daí também é fácil entendermos como surge tal formação do complexo. Na identificação com a parte infantil do complexo adquirimos uma compreensão de nós mesmos, também nas reações menos aceitáveis na área do complexo. Mas se permanecermos identificados apenas com essa parte, continuaremos a ser vítimas. Somos então vítimas da nossa história, de nossas origens e também sempre vítimas de outras pessoas sobre as quais projetamos a parte adulta do complexo.

Pois essa parte é projetada quando não estamos conscientes dela. Nas terapias, experimentamos que os complexos se dissociam facilmente, então uma pessoa tem que assumir a parte infantil do complexo, a outra a parte adulta[31]. E não

---

31. KAST, V. *Die Dynamik der Symbole*. Op. cit., p. 196ss.

é o caso que o analisando se identifique sempre com a parte infantil e o terapeuta com a parte adulta. Como terapeuta, é fácil entrar na posição infantil no sentido do complexo. Se a mulher com o complexo sobre "ser ignorada" me ignorasse, então eu poderia facilmente me sentir igual a como aquela criança pequena se sentiu naquele momento. É claro que essa delegação de um complexo também tem vantagens: ela provoca a contratransferência, o que significa que o terapeuta pode então formular como a criança se sentiu na situação de vida em questão. Então o paciente se sente compreendido e confirmado: muitas pessoas não confiam em suas memórias. Se um sentimento correspondente é comunicado de fora, então elas se sentem asseguradas em sua memória emocional, e isso gera autoconfiança.

Entretanto, se o terapeuta diz a um analisando que ele se sente tratado como se fosse pela parte adulta de seu complexo, que o analisando não aceita nenhuma sugestão, então essa interpretação é rejeitada pelo analisando. A identificação com o paciente como vítima é bem-recebida, mas quando o terapeuta aponta a parte agressora, o paciente se sente magoado. Essa identificação com a parte adulta dos complexos principais acontece frequentemente quando a pessoa em questão se sentia sobrecarregada quando criança. As pessoas sobrecarregadas sobrecarregam então o analista ao esperar dele algo que simplesmente não é possível – semelhante ao que elas experimentaram quando crianças. No entanto, essa experiência também pode ter uma componente relacionada ao tempo.

Imagino que, no futuro próximo, os jovens terão complexos um pouco diferentes: complexos, por exemplos, nos quais poderemos identificar um pai ou uma mãe que exigia pouco demais. Mas, por enquanto, as histórias dos complexos ainda são muito parecidas: "O pai queria que eu escrevesse bonito quando eu era um aluno da primeira série, e eu queria tanto escrever bem, e quanto mais eu queria isso, mais feia ficava a minha escrita". E as imagens associadas a esses complexos também são as mesmas: na imaginação, o pai tem uma altura de três metros, olha para a criança por trás de óculos muito grossos e aponta com um dedo estendido para o que é censurável e diz algo como: "Mas você tem que ser muito melhor do que isso, você não serve para nada. Se você continuar escrevendo assim, você não prestará para nada mais tarde". Esse é um clássico episódio de complexo que é descrito de forma semelhante com frequência.

Assim que alguns exemplos são citados, eles despertam lembranças de experiências próprias. Temos que distinguir entre complexos associados a emoções fortes e complexos que têm pouca ênfase emocional, que não causaram grandes inibições, mas que explicam, por exemplo, por que as pessoas se irritam aparentemente "sem razão" quando alguém em uma posição mais elevada fala com elas. Algumas pessoas, por exemplo, reagem emocionalmente quando um policial faz uma pergunta simples ao se debruçar sobre a janela do carro.

Existem complexos com forte carga emocional. Se tal complexo é ativado por uma situação de vida semelhante, por um tema semelhante ou por uma emoção comparável, então o tema de agressor e vítima também se constela. Esses complexos emocionalmente carregados se dissociam com uma facilidade especial e – isso é muito importante para o nosso tema – eles podem ser mudados se conseguirmos lidar com o complexo de tal forma que nos identifiquemos com ambos os polos do complexo.

Como já mencionamos, a grande dificuldade consiste em identificar-se com a parte agressora. Afinal de contas, a pessoa se queixa daquilo que sofreu às mãos da mãe, do pai, de irmãos, fala da própria posição de vítima na esperança de que finalmente será compreendida, para finalmente poder desenvolver alguma empatia por si mesma. E agora, ela deve identificar esses agressores em si mesma, para conscientizar--se de que ela também é capaz de se comportar em relação a outras pessoas da mesma forma como o pai a tratou...

Os sonhos podem ajudar aqui. Pois aquilo que permaneceu na projeção por tanto tempo costuma aparecer nos próprios sonhos – e é impossível não contemplar esses sonhos também no nível de sujeito, ou seja, é impossível não ver essas partes agressoras como partes da própria psique. Quando queremos lidar com isso, voltamos rapidamente para o nível de objeto e entenderemos o sonho como uma imagem de algo que realmente aconteceu e que, talvez, ainda não foi completamente compreendido emocionalmente. É uma arte contemplar esses sonhos também no nível de sujeito no momento certo. Se insistirmos muito cedo no nível de sujeito, o sofrimento que estabeleceu o complexo não é realmente identificado. Isto é especialmente importante em experiências traumáticas.

Se, por outro lado, a pessoa permanecer apenas no nível da compreensão da situação concreta e não compreender como ela mesma se identifica – não apenas com o lado da vítima, mas também com o lado do agressor –, então o complexo não será resolvido e as experiências do complexo se repetirão uma e outra vez. O resultado será aquela mesma queixa eterna. Porque a pessoa não pode mudar em nada. Portanto, devemos reconhecer isso como uma grande conquista moral quando conseguimos ver também nossa própria posição de agressor. Embora a posição de vítima seja pouco atraente, para muitos de nós é muito mais fácil aceitar a posição de vítima do que a posição de agressor. Naturalmente, isso não significa que simplesmente somos condenados a ser iguais aos nossos pais controladores, que todos os nossos esforços de sermos diferentes de nossos pais, de viver nossa própria vida, estão condenados ao fracasso. Estamos em perigo de nos identificarmos inconscientemente com o polo adulto de nossos complexos quando o complexo é constelado por uma situação especial no mundo exterior ou por causa de sonhos e fantasias. Então nós mesmos também podemos perceber que não estamos nos comportando como realmente queremos. Nessas situações, é muito importante ousarmos nos perguntar se estamos nos comportando em relação a nós mesmos ou aos nossos semelhantes da maneira como nós mesmos fomos tratados e da maneira que sempre quisemos evitar e sempre evitamos. A percepção dessa situação em que sofremos uma recaída, com todas as emoções a ela associadas, o choque ao perceber que estamos nos comportando de uma forma que definitivamente é contrária ao nosso desejo consciente, ajuda a trazer essa parte do complexo para a consciência e permite um novo comportamento.

# A transformação dos complexos

Complexos como focos de desenvolvimento

Complexos são pontos focais da vida psíquica. Eles estão sempre conectados com a emoção. Onde há emoção, há vida. Cada pessoa tem diferentes complexos, eles compõem a disposição psicológica. Os complexos apontam os pontos de desajuste. Geralmente, os complexos são ativados quando o tema de vida ou a experiência ligada ao complexo é abordado. Ou seja, quando uma experiência semelhante é feita novamente ou quando um sentimento ou imagem muito específica associada a um complexo é constelada.

A sensação de solidão no final da tarde de domingo pode ativar esse complexo na mulher com o complexo na área de ser ignorada, mesmo que não haja nenhuma pessoa presente que a possa ignorar. Assim, o complexo pode ser reativado pela emoção ou pela informação. Isso costuma estar relacionado a uma experiência de relacionamento na qual aspectos da experiência do complexo são revividos.

Quando um complexo é constelado, de certa forma, nossa percepção é distorcida. Vemos a situação através das "lentes do complexo" e interpretamos a situação em termos do complexo. Quanto ao assunto de ser ignorado, uma pessoa com esse complexo sente que foi "ignorada" muito antes que outra pessoa também o constatasse. Ou essa pessoa já se aproxima de uma situação social com a expectativa de que ela será novamente ignorada.

Áreas de complexos podem ser diagnosticadas com o experimento de associação, que também foi desenvolvido pelo Jung[32]. No experimento de associação, é necessário que, para cada palavra dita pelo terapeuta (palavra-estímulo), a primeira ideia que surge na mente do paciente seja expressa, ou seja, que uma associação seja fornecida. Por exemplo, a palavra "verde" pode ser considerada um estímulo, e uma associação a ela poder ser "vermelho", mas também "campo" ou "partido". Muitas reações são possíveis. Quando uma palavra-estímulo ativa na área do complexo, o processo de associação é perturbado e os mecanismos de defesa são ativados, e estes podem ser observados e medidos. Quanto mais mecanismos de defesa puderem ser observados, mais defesa é necessária para controlar a emoção que ocorre, maior a carga emocional do complexo que deve ser combatido. É claro que esses complexos não nos assaltam apenas em experimentos. Somos seres falantes, e geralmente sabemos quais temas desencadeiam emoções. Em certas famílias, há temas que não devem ser abordados e existem palavras-chave que ativam esses temas. Você sabe que, se usar um determinado termo, alguém da família perderá o controle e explodirá. Quando criança, você se aproveita disso. Você sabe exatamente o que precisa dizer para mexer no ninho de vespas. Entretanto, existem também complexos familiares, temas que são tabus na família e que

---

32. JUNG, C.G. "Investigações experimentais sobre associações de pessoas sadias". In: *Estudos experimentais*. Petrópolis, 2012 [OC 2]. • KAST, V. *Das Assoziationsexperiment in der therapeutischen Praxis*. Fellbach, 1980.

sempre devem ser abordados usando certos termos ou palavras-chave. Isso se aplica à relação entre as crianças e os professores.

Quando um complexo emocionalmente significativo é ativado em nós, nossa percepção é distorcida. Temos uma reação emocional exagerada. Nossa percepção é determinada pelo complexo. Essa é também uma das razões pela qual as mesmas situações são percebidas de maneira diferente por pessoas diferentes, dependendo de sua constelação do complexo. Essas constelações são, por assim dizer, o contexto no qual a vida é percebida. Os complexos inconscientes produzem algo como uma compulsão à repetição. Sempre experimentamos a mesma coisa porque experimentamos a realidade através do filtro de um complexo. Mas também procuramos sempre a mesma coisa – devido ao complexo – procuramos os mesmos julgamentos e punições, e normalmente os obtemos. E nossa defesa também é sempre a mesma. A mulher com o complexo sobre ser ignorada, por exemplo, sempre recorreu à sua imaginação para satisfazer suas necessidades. É claro que essa não é uma defesa ruim. Sua autoestima era regulada e equilibrada desse jeito, mas o problema não era resolvido. A defesa é necessária, ela nos impede de sermos inundados de emoções. Na verdade, a defesa nos coloca em um estado em que realmente poderíamos encarar os problemas.

Mesmo que os complexos não sejam ativados pelo mundo interior ou exterior, ou seja, mesmo que não sejam constelados, eles ainda têm um efeito: eles estruturam nossos interesses. Eles estruturam nossa compreensão do mundo e, sejam eles constelados ou não, servem como pontos de partida para fantasias. Uma forte reação emocional geralmente pode ser facilmente traduzida em uma imagem. Nós experimentamos isso quando produzimos uma fantasia de raiva através de uma raiva artificial. É claro que tais fantasias surgem ainda mais fácil e rapidamente quando a raiva for real. As emoções podem ser traduzidas em imagens, e então é possível ver qual complexo está ligado à emoção, mas também como esse complexo pode ser trabalhado no ambiente da fantasia. De acordo com a teoria da autorregulação da psique[33] e dos complexos, a desordem afetiva contém a energia que poderia ajudar o doente a tornar sua vida mais eficaz. Assim, ele mergulha no estado de espírito ou na emoção e descreve todas as fantasias e todas as associações que surgem.

Esse procedimento, que, em grande medida, determina todas as técnicas usadas na terapia junguiana, remonta a uma experiência de Jung descrita em conexão com seu confronto com o inconsciente[34]. Jung descreve como ele lidou com uma situação na qual se sentiu muito agitado emocionalmente: "Na medida em que conseguia traduzir as emoções em imagens, ou seja, encontrar aquelas imagens que estavam escondidas dentro delas, uma calma interior se instalava. Se eu tivesse me contentado com a emoção, eu poderia ter sido dilacerado pelo conteúdo do inconsciente. Talvez eu pudesse tê-los dissociado, mas então eu teria inevitavelmente caído em uma neurose, e, no fim, o conteúdo teria me destruído. Minha experiência me fez perceber como é útil, do ponto de vista terapêutico, conscientizar-se das imagens por trás das emoções"[35].

---

33. JUNG, C.G. *A função transcendente* [OC 8/2, § 159s.].
34. JAFFÉ, A. *Erinnerungen, Träume, Gedanken von C.G. Jung*. Zurique, 1962.
35. Ibid., p. 181.

Essas fantasias também podem ser pintadas ou representadas de alguma outra forma[36]. No entanto, se tivermos uma fantasia de raiva, a teremos primeiro no espaço imaginativo.

Imaginar situações-chave

Para que os complexos possam mudar e ser conscientizados, devemos formar uma imagem do complexo e também perceber o episódio de complexo que nos vem à mente com todas as modalidades de percepção.

Enquanto formos determinados pelos complexos, haverá uma compulsão de repetição. Tudo continua igual, a emoção permanece a mesma, a defesa permanece a mesma. Só podemos mudar, só podemos nos transformar, quando nos conscientizamos desses complexos. Conscientizar-se significa muito mais do que saber quais complexos você tem. Ao se conscientizar de um complexo, você se identifica com a posição infantil e com a posição adulta do episódio de complexo, e isso também lhe dá a possibilidade de lidar com a posição de vítima e agressor de tal forma que você consiga sair dessa dinâmica entre vítima e agressor. Enquanto você se identificar apenas com o papel de vítima do complexo ou apenas com o papel de agressor do complexo, você permanece determinado pelo complexo, oscilando, na melhor das hipóteses, entre uma posição e outra e projeta o polo com o qual você não se identifica. Como resultado, outras pessoas se tornam vítimas ou agressoras.

Na situação terapêutica, é possível permanecer nesse vai e vem por semanas e meses, em que o analisando se identi-

---

36. RIEDEL, I. *Maltherapie*. Stuttgart, 1992.

fica com o papel de vítima do complexo, delegando o papel de agressor ao analista, para então inverter os papéis. Nada muda, e o terapeuta fica pensando que ainda não encontrou a situação-chave decisiva; que bastaria procurar um pouco mais para encontrá-la. Mas isso não é possível na situação de uma dissociação colusiva dos complexos. Para que o paciente se conscientize dos complexos, ele precisa perceber a respectiva situação-chave que se impõe no momento, que está acontecendo na vida cotidiana ou na relação terapêutica ou que se expressa em um sonho, e fazê-lo com todas as modalidades da percepção: com todos os sentidos que estão à sua disposição – na imaginação. Pois é possível ativar os diferentes sentidos na imaginação.

> **Exercício**
>
> Imagine-se tocando uma árvore com uma casca muito rachada. Ou imagine-se arranhando uma placa de vidro com um prego. Ou: Você consegue se lembrar do cheiro de manjericão? Imagine-se mordendo um limão. Ou imagine o mar durante uma tempestade. Ou: Imagine um movimento importante de um esporte que você pratica ou já praticou.
>
> Você terá uma imaginação melhor em uma modalidade do que em outra, mas a imaginação em todas essas modalidades pode ser praticada.

Quando falamos dessas situações-chave, podemos fazê-lo de forma informativa. Mas também podemos imaginar a situação-chave e então narrá-la. E quanto mais modalidades de percepção incluirmos nessa narração, mais vivas se tornam as imagens da situação-chave, mais emoções são provocadas, mais nos sentimos próximos de nós mesmos. Ocasionalmente, um cheiro nos conduz a uma situação-chave.

Quando contamos uma história, geralmente nós nos identificamos com a parte vítima do complexo. Dessa forma, experimentamos empatia com nossa vitimização, sentimos medo, raiva ou temos algum outro sentimento, e uma conexão com a história de vida é estabelecida por meio da informação e da emoção. Muitas vezes, a empatia com a vitimização também é empatia consigo mesmo como uma criança que sofreu, que se sentiu incompreendida na situação de vida correspondente e que não pôde se defender. Se nos identificarmos com a parte do agressor, que, no início, costuma ser projetada, nós nos envergonharemos. Essa parte possui uma alta carga de vergonha. Mas somente se conseguirmos ver e aceitar essa parte do complexo de modo interpessoal e intrapsíquico, poderemos também nos defender contra ela.

Quando essa parte é agressiva ou destrutiva, torna-se necessária a agressão contra a destruição, então temos que assumir uma posição agressiva contra nossa capacidade destrutiva. Se ambas as partes do complexo estiverem realmente conosco no sentimento, a parte agressora também é vivenciada interpessoal e intrapsiquicamente, geralmente em conexão com algum susto. Então, uma transformação se torna possível.

Nos processos terapêuticos, investimos muito tempo para encontrar uma saída dessas constelações de complexos. Muitas vezes, esses complexos aparecem em contextos problemáticos de transferência e contratransferência. Podemos estar falando sobre um sonho ou sobre o relacionamento, mas, na verdade, estamos sempre falando sobre os complexos, ou sempre surge a mesma dinâmica do complexo: um dos dois se sente atacado, o outro ataca sem querer. Isso atrasa o processo terapêutico, o bloqueia, até trabalharmos essa situação-chave de forma mais resoluta e nos identificarmos com os dois polos do complexo. Quando conseguimos fazer isso, a experiência é que, de repente, surge um novo tema na terapia, símbolos oníricos novos podem ser lembrados, novas situações-chave podem ser consteladas na vida cotidiana e na relação terapêutica: a transformação se tornou possível.

Intervenção de crise por meio da imaginação de um episódio de complexo

A imaginação pode ser útil para conscientizar-se da parte de vítima e agressor.

Os exames finais na universidade deixam uma estudante aterrorizada. Ela já não compareceu duas vezes ao exame para o qual se inscreveu. Ela é uma aluna muito boa, e no dia do exame foi até a universidade, mas não entrou. Ela não cancelou o exame, nem forneceu qualquer explicação, simplesmente não compareceu. Não conseguiu, porque estava convencida de que, se passasse pela porta do prédio, ela teria que vomitar imediatamente. Mas ela não queria obrigar ninguém a testemunhar isso. Quando a terceira data do exame – a última – se aproximava, ela pediu uma intervenção de crise[37]. Disse que estava se sentindo muito mal. Ela sabia que fazer aquela prova era inevitável. Perguntei se ela teve algum sonho que poderia lhe dizer algo sobre a situação. Ela respondeu que teve um sonho sim, mas que definitivamente não seria útil, pois só expressava o que ela já sabia: Ela sonha que deve ir para a universidade e está a caminho. Pouco antes

---

37. KAST, V. *Der schöpferische Sprung* – Vom therapeutischen Umgang mit Krisen. Olten, 1987.

da universidade, sente uma dor tão grande no estômago e se sente tão doente que simplesmente acorda. Ela teve esse sonho várias vezes.

Pedi que ela imaginasse esse mal-estar. As emoções sempre têm também uma expressão física. Quando nos concentramos nela, podemos transformá-la em uma imagem. Ela: "Se eu traduzir essa sensação em uma imagem, então me sinto como uma menina muito pequena enrolada em um barbante grosso ou em uma corda fina". Quando imagina isso, ela se sente sufocada e muito mal. Tem a sensação de ter que vomitar.

Com o conceito dialógico dos complexos em mente, pergunto quem a enrolou ou a está enrolando. Ela: "Ninguém". Eu: "Isso não pode ser, você mesma não pode se enrolar assim". Ela se concentra novamente em sua imagem interior e diz: "Agora vejo uma figura, uma figura muito bonita e alta. Essa figura é radiante, é muito boa. Foi ela quem fez isso". Agora, na imaginação, aparece a figura agressora do complexo.

Peço que a estudante imagine como ela se sente como a grande pessoa radiante, pois ela já descreveu como se sente como a pequena figura. Ela consegue se colocar facilmente no lugar dessa pessoa radiante: ela afirma que lhe agradaria imensamente ser tão alta, tão radiante, tão grande e fantástica. Assim ela poderia desprezar todos aqueles que estão lá embaixo, uma vez na vida ela seria alguém. De repente ela mesma diz, sem que eu tenha feito uma intervenção: "Sim, vista pelos olhos dessa figura radiante, sou realmente um nada, com essas cordas ao meu redor". É aqui que se realiza a primeira identificação. Para ela está bastante claro que ela quer ser uma mulher radiante, grande, fantástica – e não nada. Essa é a primeira indicação do motivo pelo qual ela não consegue ir ao exame: dois ou três dias antes de um exame, ela consegue fantasiar que irá muito bem na prova. Mas no dia em que vai ao exame, ela teria que sacrificar a ambição grandiosa e se preparar interiormente para simplesmente "ser aprovada" com uma nota apenas suficiente. Ela precisaria sacrificar a grandiosidade para que a pressão não se tornasse muito grande, somente então ela poderia mostrar todas as suas habilidades. É evidente que a estudante não consegue sacrificar a grandiosidade e, portanto, se vê obrigada a não entrar na universidade, e todos aqueles que estão lá dentro esperando por ela em vão estão, pelo menos temporariamente, restritos em sua liberdade de movimento. Eles se parecem um pouco com essa figura enrolada em uma corda.

Como costuma acontecer em situações de crise, a constelação do complexo em conexão com esse exame e sua crise se representou rapidamente. Entretanto, essa constelação deve agora ser processada para que o evento do complexo mude.

Pensativa, eu disse que essa era uma situação complicada que seria difícil de mudar: a mulher jovem sempre estará enrolada e presa nessa corda e também sempre será muito pequena. E a outra provavelmente será sempre radiante e alta.

A estudante: "A mulher radiante, ela poderia ficar um pouco menor".

Eu: "E a outra?"

Ela: "Poderíamos retirar um pouco de corda. Todas essas cordas a protegem demais".

Continuamos trabalhando nesse nível imaginativo. A estudante se conscientizou do quanto ela se identificava com a ideia de ter que ser tão radiante, maior do que as outras pessoas, e o quanto essa ideia a bloqueava. Por isso, ela continuava desvalorizando suas conquistas muito boas: pois elas não eram tão boas quanto queria, não eram tão incríveis e indescritivelmente boas como essa figura radiante exigia dela. Tal atitude tem, é claro, antecedentes históricos na vida. A estudante tem pais que a idealizavam imensamente. Eles também lhe disseram que ela tinha que alcançar coisas muito especiais e lhe deram a sensação de que o que ela havia alcançado era ótimo, mas ainda não era bom o suficiente. Seus pais pertenciam à geração de pais que pensavam que, se você nunca reconhecesse as realizações de seus filhos, você os forçaria a ser ainda melhores. Essa é uma forma de sadismo oculto que, infelizmente, muitos ainda conheceram em sua infância.

No nível da imaginação, a estudante conseguiu lidar facilmente com as duas figuras de sua imaginação, identificar-se com elas, mudando assim também sua aparência de forma lúdica. A mudança na área do complexo, no entanto, deve se mostrar também no dia a dia: aquilo que foi trabalhado na imaginação e na conversa deve ser transferido para a difícil situação cotidiana. Após três horas de intervenção de crise, ela realmente conseguiu ir ao exame – e foi aprovada com um resultado excelente.

Como estávamos sob pressão, escolhi um procedimento um pouco diferente daquele que aplicaria em uma situação terapêutica normal. Eu lhe dei a tarefa de identificar-se com essas figuras e não esperei até ela me dar sinais de estar pronta para isso internamente. Eu simplesmente lhe disse que é bom se identificar com ambos os polos do complexo, confiando que os mecanismos de defesa dela fossem ativados caso essa identificação gerasse uma ansiedade excessiva.

Sugiro que essas identificações sejam primeiramente abordadas e mudadas no nível da imaginação. Ao fazer isso, a pessoa tem a possibilidade de entrar em contato com seu próprio problema de uma forma que não gere ansiedade. Mas isso não nos poupa de contemplar a dinâmica do complexo entre agressor e vítima no nível interativo como uma dinâmica de relacionamento e de mudar algo nela. A conexão entre a dinâmica intrapsíquica e a dinâmica de relacionamento com a área do complexo deve ser trabalhada.

Desistir da identificação com agressores

Para que os complexos possam ser transformados, a identificação com o agressor deve ser abandonada.

No nível interpessoal, agimos frequentemente como a pessoa agressora do complexo constelado, com a qual nos identificamos inconscientemente. Isso também pode ser visto como uma identificação inconsciente com o agressor: inconscientemente, nós nos comportamos como a parte de nosso complexo vivenciada como perseguidora. Mas o complexo também funciona no nível intrapsíquico: a interação dos dois polos também pode representar como lidamos com nós mesmos – agressor contra vítima, vítima contra agressor – como um conflito interno determinado pelo complexo.

No caso do complexo de ser ignorado, é possível que uma pessoa sempre se ignore e não perceba o que deve ser resolvido internamente. Devemos imaginar o seguinte: eu me esqueço de mim mesmo. Eu não me levo a sério. Eu não percebo quando estou cansado. Eu não percebo quando quero algo. O que pode ser experimentado na esfera interpessoal também pode ser experimentado de forma intrapsíquica.

Pensemos nos complexos clássicos, tais como o complexo de autoridade: a figura de autoridade que diz em quase todas as situações: "Você não consegue fazer isso, você precisa fazer isso de outro jeito" também é frequentemente experimentada intrapsiquicamente. Esse complexo afeta as pessoas que, quando estão fazendo algo, de repente ouvem esta voz: "Você não consegue fazer isso", que, portanto, sabotam a si mesmas repetidas vezes, mas também estão à mercê dessas afirmações. Naturalmente, surge a questão de como podemos parar de "destruir a nós mesmos".

Entretanto, poucas pessoas diriam: "Estou me destruindo", normalmente, diriam: "Isso está me destruindo". Se você diz: "Estou me destruindo", você já aceita que tem esse lado autoritário e desvalorizador dentro de si mesmo.

O tema dos sentimentos de culpa também é abordado nesse contexto. Quando temos sentimentos de culpa, uma figura agressiva aparece intrapsiquicamente, que, por assim dizer, nos acusa de termos cometido algum mal. A parte infantil reage com medo e a parte adulta se torna agressiva, e muitas vezes nessa situação, nós nos identificamos mais com o agressor. Raramente nos colocamos do lado infantil. Se conseguirmos assumir intrapsiquicamente o lado infantil, lamentando, por exemplo, por sempre criticarmos as coisas boas e belas que produzimos no mundo, ou pior ainda, negando-nos o direito de existir, podermos nos libertar por um momento dessa constelação do complexo. É a primeira possibilidade de se conscientizar daquilo que está acontecendo.

Há pessoas que afirmam que trabalharam, mas que, no fundo, seu trabalho não vale nada. E se alguém descobrisse que elas não prestam para nada, isso seria um desastre. Às vezes, pergunto a essas pessoas o que diriam a um amigo em resposta a uma declaração desse tipo. Então, de repente, a situação muda: de alguma forma, elas se conscientizam de como tais afirmações são ridículas.

Esse experimento mental mostra que ficamos mais flexíveis quando conseguimos brincar um pouco com as posições e ganhar um pouco de distância. De repente, a pessoa passa a ter ideias sobre como lidar consigo mesma de uma maneira um pouco diferente. Mas é difícil desistir de se identificar com o agressor, pois o papel de agressor transmite a impressão de controle e poder. Se desistirmos de nos identificar com uma autoridade crítica dura ou com um lado que consegue simplesmente ignorar outras pessoas quando necessário, desistimos de muito poder. Não é apenas a vergonha que nos impede de reconhecer que nos identificamos com o agressor. Também enfrentamos o problema da perda de poder.

Mas é um poder ilusório. Isso se torna claramente visível quando voltamos nossa atenção para o nível intrapsíquico. Intrapsiquicamente, não existe apenas o lado do poder, mas também o lado da impotência. Lá, ninguém é apenas agressor, é também vítima. Se uma pessoa permanecer identificada com a parte agressora, então poderá sentir certo poder e também será extremamente dura com outras pessoas. Talvez ela seja temida, mas é uma posição de poder que nasce da necessidade e não de uma força real.

É difícil identificar-se com a parte agressora do complexo, mas é absolutamente necessário para que ocorra um desenvolvimento na área do complexo. Eu destaco tanto a dificuldade porque há pessoas que se reprovam enormemente quando não conseguem fazer isso de imediato e têm a sensação de que, uma vez que tenham reconhecido esse fato, devem conseguir fazê-lo imediatamente.

Aceitar sentimentos de culpa

Para que os complexos possam ser transformados e para que possamos nos livrar da dinâmica entre vítima e agressor, os sentimentos de culpa devem ser aceitos e reconhecidos em sua função.

Quanto mais nos identificarmos com a parte vítima do complexo, mais seremos expostos ao fogo cruzado de críticas vindas da parte agressora do complexo. Vivenciamos essa crítica como agressiva e reagimos a ela com medo. A culpa reúne agressão e medo ao mesmo tempo, o que significa que o medo não pode ser usado para alertar sobre o perigo nem a agressão pode ser usada para remediar uma situação perigosa. Agora, existe algo que, em alemão, chamamos de "mochila de sentimentos de culpa", assim chamada porque poderíamos realmente tirá-la de nossos ombros como uma mochila que é pesada demais para nós.

A mochila de sentimentos de culpa tem a ver com o fato de que permanecemos identificados com a posição de vítima e, em última instância, não assumimos a responsabilidade pelo que fazemos, pela nossa sombra. O papel de vítima é muito facilmente associado ao papel de criança e, portanto, muitas vezes, está também associado à ideia de que devemos ser particularmente bons. Mas faz parte da vida adulta perceber em algum momento que não somos brancos nem pretos, mas algo entre esses dois extremos.

Somos brancos e pretos. E devemos assumir a responsabilidade por isso. Não é aceitável ver-se como todo bom, assumir a responsabilidade apenas pelos aspectos bons e projetar os lados ruins sobre seus semelhantes. Somos todos bons e maus. Quando conseguimos aceitar isso, podemos, em uma situação em que nos sentimos culpados, perguntar-nos o que fizemos de errado e qual é a nossa responsabilidade em tudo isso. Dessa forma, podemos nos distanciar dos sentimentos de culpa, pois eles já serviram ao seu propósito, ou seja, que nos confrontaram com a responsabilidade que nós mesmos devemos assumir. Então, podemos ser empáticos conosco mesmos, admitir que não fizemos algo bem, mas que também nos entendemos em vista da situação e do conhecimento de nossa natureza. Sentiremos que medos são ativados pelo sentimento de culpa, mas também quais agressões, e que podemos nos distanciar delas. É exatamente isso que se aplica à "mochila dos sentimentos de culpa".

Mas existem sentimentos de culpa existenciais muito mais profundos. Devemos a outras pessoas algo que não queremos e não deveríamos querer a outras pessoas. Trata-se de uma culpa que não pode ser descartada tão facilmente. Esse problema se torna claro no exemplo a seguir:

Uma pessoa casada se apaixona de uma forma duradoura e perturbadora. O que ela deve fazer? Talvez ela possa ter um relacionamento externo e se sentir culpada em relação ao relacionamento original. Então ela desenvolve sentimentos de culpa, com os quais talvez até consiga lidar, mas que não podem simplesmente ser descartados, a menos que consiga dissociar seus sentimentos. Pois ela feriu pelo menos uma pessoa, talvez duas ou até mesmo três pessoas. Ela pode se proibir de sentir paixão, dizer a si mesma que isso não é nada especial, apenas uma pequena excitação erótica, que ela sempre sente de vez em quando. Quando a pessoa se proíbe de desenvolver um sentimento profundo, uma sensação de vazio surge em seu lugar: a pessoa se tornou culpada em relação a si mesma.

Há situações na vida em que não temos como escolher se queremos tornar-nos culpados ou não: só temos como escolher em relação a quem nós nos tornamos culpados. Quando alguém se torna culpado em relação a si mesmo, geralmente, também se torna culpado em relação aos outros, porque se irrita por ter que negar ou reprimir algo que traria tanta vivacidade. Ou ele culpa abertamente o parceiro e o deixa pagar por isso. Esse é apenas um exemplo de um sentimento de culpa existencialmente significativo com o qual temos que viver e que não podemos simplesmente descartar. Há muitos desses sentimentos de culpa existenciais: ficamos devendo muito um ao outro no dia a dia em relação às ideias que temos do relacionamento. Sabemos desses sentimentos de culpa e geralmente lidamos com eles admitindo-os diante de nós mesmos. Sabemos que o parceiro agora quer ser tratado com mais amor, quer ser estimulado, quer ser apoiado ou simplesmente quer ter tempo. E dizemos a nós mesmos que não podemos fazer isso agora porque nós mesmos estamos sob muita pressão, mas que compensaremos isso em um momento melhor da nossa vida.

Temos muitas desculpas para não podermos fazer isso agora, mas projetamos o pagamento de nossas dívidas sobre o futuro: quando tivermos férias, quando o tedioso trabalho estiver feito, quando nos aposentarmos etc. Isso nos permite viver mais ou menos confortavelmente. Podemos viver mais ou menos bem com isso. Mas quando o parceiro morre inesperadamente, ficamos com todos esses sentimentos de culpa. Então recai sobre nós tudo que não vivemos na relação e que não pode ser compensado, pelo menos não nesta relação. Na maioria das vezes, não somos muito empáticos conosco mesmos nessa autocrítica provocada por sentimentos de culpa, porque, na maioria das vezes, já fizemos tudo que poderíamos ter feito. O problema é que não foi muito. Embora existam poucas pessoas que privam o outro deliberadamente de seu afeto, mas elas existem. Muitas vezes, fiz trabalho de luto com homens mais velhos que estavam sofrendo porque nunca haviam dito a suas esposas o quanto elas eram importantes para eles, mesmo sabendo que as esposas tinham ansiado por tais afirmações. Eles também tinham, é claro, razões para não dizê-lo: um temia que a esposa se tornaria muito "convencida" e procuraria outro homem, outro tinha medo de confessar à sua esposa o quanto dependia dela. Não tenho visto isso expresso abertamente com muita frequência, mas notei que a maioria das pessoas quer ser e fazer muito pela outra pessoa. Elas têm um ideal de relacionamento muito elevado e depois, é claro, tornam-se permanentemente culpadas porque não conseguem viver à altura desse ideal.

O que conseguem realizar é muito menos do que aquilo que pretendiam, porque eles também estão envolvidos em muitas coisas e também têm obrigações para consigo mesmos. Essa ambição pode ser relativizada, mas uma pessoa com esses ideais sempre se tornará culpada, e essa impossibilidade de escapar da culpa faz com que se perceba que o seguinte é parte fundamental da existência humana: que gostaríamos de fazer mais, dar mais, mas que falhamos repetidamente. Entretanto, esses sentimentos de culpa também têm um propósito: sentimentos de culpa exigem reparação, exigem que a pessoa assuma a responsabilidade por algo.

Isso só é possível no fluxo de sua vida em curso, muito raramente é possível assumir responsabilidade por algo do passado. Você pode decidir que evitará no relacionamento seguinte algo que experimentou como culpa em um relacionamento passado. E talvez você consiga cumprir sua promessa

Abandonar o papel de vítima

por alguns meses. Mas temos que lidar com o que realmente somos e não com o que gostaríamos de ser.

No que diz respeito aos sentimentos de culpa, é importante que nos perguntemos qual é a nossa responsabilidade. Mas é igualmente importante aceitar que os sentimentos de culpa são uma parte inevitável da nossa vida. É claro que os sentimentos de culpa podem ser extremos, e há também muitas formas de defesa contra sentimentos de culpa[38]. A mais conhecida é a busca por bodes expiatórios.

Representar com criatividade

Outra possibilidade de processar os complexos e assim resolver a dinâmica de vítima e agressor é o trabalho criativo.

Teoricamente, na energia do complexo está contida a energia que falta à consciência do eu para se desenvolver[39]. O complexo retira a energia que seria necessária para viver. Essa energia se manifesta como uma emoção, na qual podemos nos concentrar e que pode ser representada. O complexo pode ser representado por todos os métodos de trabalho criativo, e ele também muda com cada representação nova.

Isso se torna visível, por exemplo, em séries de imagens sobre o mesmo tema[40]. Aqui, o foco também é a emoção do complexo. Entretanto, o projeto criativo se volta menos para o episódio como tal; ocasionalmente, os dois polos do complexo são retratados, mas nem sempre. Se pensarmos, por exemplo,

---

38. KAST, V. *Die Dynamik der Symbole*. Op. cit., p. 198ss. [trad. bras. *A dinâmica dos símbolos*. Trad. de Milton Camargo Mota. Petrópolis: Editora Vozes, 2013].

39. Ibid., p. 63.

40. RIEDEL, I. *Maltherapie*. Op. cit.

em terapia de pintura ou trabalho com argila, o episódio complexo não está em primeiro plano, mas sim a tentativa de moldar e tornar visível a sensação de vida que está ligada ao complexo, ou na melhor das hipóteses, também a resistência a ele.

O trabalho criativo produz consciência da atividade do eu. Quando um complexo é constelado, experimentamos que nossa atividade do eu consciente é suspensa, não podemos reagir como queremos reagir, "algo" reage. Onde há um território de complexo, nós não nos sentimos livres. A formação criativa de uma situação tão complexa traz consigo a experiência de poder ser ativo em uma situação em que repetidamente nos vivenciamos como passivos.

Quando pintamos um quadro sobre uma situação de complexo, podemos expressar sentimentos que não poderíamos expressar de outra forma. O trabalho criativo do complexo desloca a energia em direção ao complexo do eu. O efeito disso é que adquirimos a convicção de que conseguimos efetuar algo. Isso também dá origem a algo como prazer criativo. O prazer em todas as suas formas nos exalta em nossa autoestima.

Ainda somos muito determinados pelas teorias que dizem que é preciso passar por todo o sofrimento antes de alcançarmos certa maturidade. Isso não é verdade. Há situações problemáticas nas quais temos que enfrentar plenamente o sofrimento. Mas também há situações difíceis que podem ser superadas de forma mais fácil se também percebermos a alegria e pudermos permitir a alegria apesar de todas as dificuldades. A experiência da alegria melhora diretamente nossa autoestima e, como resultado, podemos então resolver melhor os conflitos[41].

---

41. KAST, V. *Freude, Inspiration, Hoffnung*. Olten, 1991.

Abandonar o papel de vítima

A combinação de alegria e atividade do eu ou o prazer de efetuar algo – algo que, aparentemente, já caracteriza bebês de quatro meses de idade[42] – nos dá a convicção de que não estamos apenas à mercê da situação, mas que podemos realmente exercer uma influência. Essa experiência melhora ainda mais a nossa autoestima, de modo que entramos em um ciclo de melhoria da autoestima – um bom pré-requisito para enfrentar uma situação problemática da vida.

Quando conseguimos encontrar uma área em que é um prazer poder fazer algo acontecer, irrompe também algo primordialmente infantil, isto é, a sensação: eu não só consigo quebrar coisas, também consigo criar algo novo, algo que ainda não existiu.

O trabalho criativo tem um efeito claro sobre o complexo do eu e a autoestima e, portanto, também permite lidar com os dois polos do complexo. Muito frequentemente, no entanto, é o lado da vítima que é retratado e é preciso investigar o lado agressor. Na verdade, nesse processo, ele é o próprio pintor.

Desenvolver-se onde o complexo não está

Existem pessoas que têm o que chamamos de identidade de complexo: seu complexo do eu se identifica com um complexo significativo que tomou o lugar do complexo do eu. No entanto, isso é muito raro. A maioria das pessoas tem vários complexos diferentes que geram sensações diferentes e que

---

42. JACOBY, M. "Das Leiden an Gefühlen von Ohnmacht in der Psychotherapie". In: EGNER, H. (org.). *Macht – Ohnmacht – Vollmacht*. Zurique, 1996, p. 21s.

são constelados em situações diferentes e também os influenciam muito.

Há também momentos em que somos mais suscetíveis a certos complexos do que a outros. Afinal, existem espaços psíquicos que são livres de complexos. Neles podemos viver em paz e desenvolver algo. E esses espaços tornam possível lidar com complexos de uma maneira diferente: desenvolvemo-nos onde o complexo mais obstrutivo não está. Procuramos nossos recursos próprios. Isso fica claro no conto de fadas dos irmãos Grimm "O Camponês e o Diabo": certa noite um camponês vê uma fogueira em seu campo e um diabo negro dançando em volta dela. "Será que você está sentado em cima de um tesouro?", pergunta o camponês. O diabo gostaria de dá-lo ao camponês, pois ele tem dinheiro suficiente e anseia pelos frutos da terra. Por isso, deseja dar o tesouro ao camponês sob a condição de que ele receba metade do que o campo produzirá durante dois anos. Para que não surja nenhuma disputa, o camponês sugere dar-lhe tudo o que cresce acima do solo no primeiro ano e tudo o que cresce abaixo do solo no segundo ano. No primeiro ano, o agricultor cultiva nabos – assim o diabo só recebe o repolho murcho – e no segundo ano, ele planta trigo. Então o diabo, enfurecido, desce pela ravina e o fazendeiro fica com seu tesouro.

Esse conto de fadas mostra algo muito importante sobre como lidar com complexos: não precisamos nos deter sempre na área do complexo, devemos cultivar nas áreas em que o diabo não está. Às vezes é muito melhor saber que temos um problema difícil, mas também admitir para nós mesmos que ainda não podemos lidar com ele.

O importante é saber que temos este problema não resolvido e tentar estabilizar nossa autoestima em outro lugar.

Então, um dia, nós mesmos seremos capazes de enfrentar o problema. Na maioria das vezes, acontece então que a vida nos envolve em algo e de repente não podemos mais deixar de lado o que temos ignorado tão bem. Um homem com um complexo de poder perigoso para ele mesmo, que o compelia a competir com todos os outros homens e sabotar todos aqueles que tinham alguma competência, e que era inescrupuloso na escolha de seus meios, decidiu evitar todas as situações que constelavam seu complexo de poder. Ele até mudou de emprego por isso e tentou entrar em contato com seus sentimentos em uma terapia. Sua autoestima se estabilizou, ele se tornou criativo de uma forma inesperada. As consequências dessa criatividade de repente o colocaram em uma situação em que o poder, a rivalidade etc., estavam em jogo. O complexo se constelou, mas mais como uma lembrança do que como uma ação real, e pôde ser facilmente tratado.

Desenvolver-nos onde o complexo não é dominante faz com que nosso eu se fortaleça, e isso nos permite então enfrentar o complexo em questão. Isso significaria, em última análise, ou lidar agressivamente com a própria destrutividade ou então sacrificar a posição de vítima e permitir que algo novo entre na vida.

A restrição

Os complexos podem ser mais significativos ou menos. Quanto maior a quantidade de informações vinculada ao complexo e quanto mais forte a emoção associada ao complexo, que se manifesta na reação exagerada, maior ou mais significativo o complexo.

Em situações em que reagimos de forma muito exagerada – no entanto, devemos sempre lembrar também que as pessoas expressam suas emoções de maneiras diferentes – um complexo forte se manifesta. Tais complexos significativos não desaparecem por si mesmos. Eles estabelecem padrões de vida que são sempre os mesmos. As recaídas, mesmo que tenhamos investido muito trabalho nos complexos e na autoestima, fazem parte disso. Um desses grandes complexos, por exemplo, é o complexo de autoridade. Não importa o quanto tenhamos trabalhado esse complexo, ele sempre aparece de novo, por exemplo, quando somos repentinamente confrontados com alguma autoridade. Os complexos de autoridade, porém, diminuem quanto mais velhos ficamos. O número de pessoas que percebemos como autoridades obviamente diminui. Não são mais tantas as pessoas que podem mandar em você.

Mas se, de repente, você se encontra em uma situação em que se vê sentado diante de um painel de superiores que adorariam vê-lo fracassar, os velhos complexos de autoridade são reativados, pelo menos por um momento. Como regra, no entanto, se você já investiu algum trabalho para processar esses complexos, lidar com eles é muito mais fácil. Você vivencia o "sentimento do complexo" tão familiar, você gostaria de fugir ou estrangular as autoridades, dependendo de sua história e temperamento, mas então chega o momento em que você se lembra de que, agora, uma situação muito familiar está se repetindo mais uma vez. Talvez você diga a si mesmo que, apesar de todas as autoridades do mundo, você não foi devorado nem morreu. Então você respira fundo – o que sempre ajuda para combater reações exageradas – e então você se compõe, talvez até lembre-se de que, em situações assim, deve fazer tudo que pode para dificultar a vitória dos outros.

Complexos significativos e centrais não se dissolvem por si mesmos. Existem, no entanto, complexos que se tornam mais fracos no decorrer da vida e que, de repente, podem voltar a se constelar. Um exemplo disso é o chamado complexo de dinheiro. Encontramos ele de uma forma mais suave ou mais aguda em quase todas as pessoas. Entre os 20 e 30 anos de idade, esse complexo parece ser bastante dominante em muitas pessoas, mais tarde ele recua para o segundo plano. Com o aumento da idade, no entanto, ele volta a se fortalecer novamente. Isso também tem a ver com circunstâncias muito reais: lidar com dinheiro é um ponto central da educação. Todos nós podíamos contar histórias sobre como fomos socializados em relação ao dinheiro: por exemplo, os pais prometiam algum dinheiro se fôssemos bem em uma prova. A falta de energia vital também é equivocadamente associada à falta de dinheiro, e assim por diante. Portanto, a base pessoal para um complexo de dinheiro certamente existe.

A maioria dos jovens não tem muito dinheiro. No meio da vida, essa situação costuma ser mais fácil, e os idosos voltam a temer que possam ficar sem dinheiro. Mas o complexo de dinheiro não tem apenas a ver com a maneira com que lidamos com o dinheiro que temos. Em nossa sociedade, muita coisa depende do dinheiro, e é por isso que todo o problema de autoestima também pode ser tratado e analisado em termos de dinheiro. O dinheiro não é apenas uma expressão visível do poder de compra, nós também projetamos energia vital sobre ele. No entanto, é perceptível que esse complexo – obviamente não em todas as pessoas – apresenta algo como estações: às vezes, ele recua, para então voltar a dominar.

Os complexos na área do erotismo também parecem tornar-se um pouco menos significativos com a idade. No entanto, os complexos também podem voltar a se desenvolver até a morte. Os complexos que se desenvolvem na velhice estão frequentemente ligados à área da autoestima e associados a sentimentos de não ter mais uma razão de ser. Esta é quase uma consequência lógica em uma sociedade onde a velhice e os idosos são pouco valorizados. Os nossos debates atuais sobre aposentadoria, que continuarão por muito tempo, certamente não transmitem aos nossos idosos a sensação de serem membros valiosos desta sociedade. Além desses problemas sociais, há o problema da diminuição da atividade do eu, que de outra forma também poderia compensar as flutuações na autoestima. Provavelmente, em uma idade mais avançada, alguns problemas muito antigos também reaparecem. Quando o corpo muda muito, durante a menopausa, por exemplo, conflitos antigos eclodem de repente. O corpo é a base de nossa identidade. Quando nosso corpo muda – por exemplo, por causa de uma doença – nossa defesa psicológica também se torna mais fraca, somos menos capazes de reprimir nossos problemas. Mas essa é também uma oportunidade para enfrentar os problemas. É por isso que faz sentido que fiquemos doentes em uma situação crítica da vida – desde que não seja uma doença grave, é claro. Então dizemos algo como: "Eu estava precisando dessa gripe", pois, durante a gripe, nós nos conscientizamos de muitas coisas relacionadas a nós mesmos; já que a coerência do complexo do eu em combinação com a doença física não é tão boa quanto de costume, somos emocionalmente mais sensíveis. Então esses complexos, que são ativados de alguma forma, se constelam. Isso está frequentemente associado a uma certa capacidade emocional. Assim, é possível que, nos idosos, que sentem muito claramente uma diminuição da sua vitalidade, os maiores complexos voltem a se constelar. Além disso, há muitas perdas a serem enfrentadas na velhice. Isso significa, porém, que não só as perdas dolorosas em si devem ser processadas, mas também que a rede de relacionamentos em que nos encontramos e que nos permite ter um senso de identidade e também uma boa autoestima começa a se dissolver. A autoestima é, portanto, duplamente afetada.

No entanto, não devemos esquecer que os complexos não são apenas distúrbios, mas também pontos focais da vida. Na área do complexo também estamos vivos, próximos das emoções. A maneira com que conseguimos lidar com esses complexos mesmo na velhice depende essencialmente da autoestima. Os idosos não devem permitir que sua autoestima seja destruída por fatores externos. É uma importante função social ensinar aos idosos a não se identificarem inconscientemente com os agressores, a concederem a si mesmos o valor que eles esperam que lhes sejam concedidos também pelo mundo exterior. O que significa, nesse contexto, identificar-se com os agressores?

Percebemos que existe certa hostilidade em relação aos idosos em nossa sociedade. Se dissermos a nós mesmos como é terrível envelhecer, como é difícil perder seu sentido na vida, nós nos identificaremos com os agressores. Mas então também já nos tornamos vítima. Se, entretanto, dissermos a nós mesmos que existe um curso de vida humana completamente natural, as coisas se apresentam de forma diferente: há uma primeira fase no início da vida em que dependemos de ajuda. Depois vem uma fase em que nós cuidamos das crianças e também dos idosos e finalmente segue uma fase em que voltamos a depender de ajuda e atenção. Tudo isso não tem nada a ver com fracasso humano, mas é a vida humana normal.

Quando conseguimos ver a vida dessa forma, corremos um perigo menor de nos desvalorizar por causa da velhice. As pessoas mais velhas também podem oferecer muito apoio umas às outras. Se as pessoas idosas conseguirem se reunir e se perguntar o que podem e querem contribuir para a situação social, isso já vale muito. Houve e sempre há "pessoas sábias", existe o arquétipo do velho sábio ou da velha sábia. Nos contos de fadas, a figura que representa o arquétipo do velho sábio ou da velha sábia exerce uma função muito específica: ele ou ela envia o jovem em seu caminho. Os velhos exigem concentração na difícil tarefa a ser realizada e fornecem informações, assistência etc. Eles sabem o que deve ser abordado e como isso deve ser abordado. Mas então é o herói do conto de fadas que deve agir. Ele segue a recomendação do velho sábio até certo ponto, mas sempre é um pouco desobediente, e essa desobediência o leva a enfrentar dificuldades ainda maiores, mas também a encontrar realmente seu próprio desenvolvimento. Aí reside uma visão muito linda para a velhice: desenvolver ideias a partir de uma visão um pouco mais abrangente da vida e oferecer essas ideias aos mais jovens, que então as aplicam à sua própria maneira. Afinal de contas, é um grande desperdício quando permitimos que tanta experiência de vida simplesmente desapareça e não seja utilizada. Talvez pudéssemos criar "oficinas geracionais", lugares de trabalho conjunto, onde os mais jovens perguntam e trabalham, e os mais velhos transmitem suas experiências ou ideias.

A teoria dos complexos e o trabalho com os complexos nos dizem claramente por que é tão difícil libertar-se da dinâmica de vítima e agressor, mas também mostram onde podemos encontrar possibilidades muito concretas de fazê-lo. Resta ainda a questão de como a grandiosidade pode ser sacrificada. É verdade, entretanto, que quando nos conscientizamos dos complexos, quando nos tornamos capazes de reconectar as energias contidas nos complexos à consciência do eu, a autoestima melhora e a grandiosidade se torna menos necessária. Mesmo assim, eu gostaria de voltar nossa atenção mais uma vez para a grandiosidade – com a ajuda de um conto de fadas.

Rumpelstiltskin – ou: como lidar com a grandiosidade

Como já vimos, vítima e agressor se destacam muitas vezes pela grandiosidade. O agressor por uma grandiosidade aberta, a vítima por uma grandiosidade mais oculta.

Quando você ler ou ouvir o seguinte conto de fadas, tente não apenas ver as imagens que você viu quando criança, mas tente ver o conto com os olhos de um adulto.

> Se você tiver alguém que possa ler o conto de fadas para você, por favor, coloque seus pés no chão e respire fundo. Relaxe os ombros, feche os olhos ou olhe para um ponto à sua frente. Inspire e expire profundamente mais algumas vezes. Esteja ciente de sua respiração, ao exalar solte a tensão. Você está se sintonizando para absorver o conto de fadas com todos os canais de percepção.

Rumpelstiltskin – o conto

Houve, uma vez, um moleiro que era muito pobre e tinha uma filha muito bonita. Certa vez, aconteceu-lhe falar com o rei e, para dar-se importância, disse-lhe:

– Eu tenho uma filha capaz de fiar e transformar em ouro a simples palha.

O rei, arregalando os olhos, pensou consigo mesmo: "Esse é um negócio excelente para mim!", pois ele era um poço de ambição e nada lhe chegava. Então, disse ao moleiro:

– Se tua filha é na realidade tão engenhosa como dizes, traze-a amanhã ao palácio; quero submetê-la a uma prova.

No dia seguinte, a moça foi apresentada ao rei, o qual a conduziu a uma sala cheia de palha até ao forro, tendo lá uma roca de fiar em um canto.

– Senta-te aí ao pé dessa roca de fiar, – disse o rei; – já que sabes transformar a palha em ouro, põe-te a trabalhar e, se até amanhã cedo não me tiveres produzido todo esse ouro, serás condenada à morte.

Trancou a sala e foi-se embora sem mais uma palavra. A pobrezinha ficou só, na maior aflição deste mundo, pois nunca imaginara que se pudesse transformar palha em ouro e, sua aflição aumentando cada vez mais, pôs-se a chorar desconsoladamente. Nisso a porta rangeu e apareceu um gnomo muito lampeiro, dizendo:

– Boa noite, linda moleira; por que estás chorando assim?

– Ai de mim, – soluçou ela; – o rei mandou-me transformar toda esta palha em ouro e eu não sei fazê-lo.

– Hum! – disse o gnomo sorrindo brejeiro; – que me dás se eu fiar tudo como o rei deseja?

– Oh, meu amiguinho, – respondeu ela; – dou-te o meu colar.

O gnomo tomou o colar, examinou-o detidamente, guardou-o no bolso e, em seguida, sentou-se à roca: frr, frr, frr, fazia a roda, que girou três vezes, enchendo o fuso de fios de ouro. Fez girar mais três vezes: frr, frr, frr, e este outro fuso também logo ficou cheio; e assim trabalhou até que, pela madrugada, tinha desaparecido a palha, só ficando os fusos cheios de fios de ouro.

Quando, ao nascer do sol, o rei foi à sala ver se suas ordens haviam sido cumpridas, ficou extasiado ao ver todo aquele ouro. Mas não se contentou, de coração ávido e ambicioso, desejou possuir ainda mais. Levou a moça para outra sala, ainda maior, que estava cheia de palha até ao teto e tornou a ordenar-lhe que fiasse aquilo tudo durante a noite, se tinha amor à vida.

A pobre moça não sabia para que santo apelar e desatou outra vez em um choro amargurado; mas eis que novamente a porta rangeu e o gnomo tornou a aparecer, perguntando:

– Mais palha para fiar? Que me dás agora se eu fizer o mesmo trabalho de ontem?

– Dou-te este anel que trago no dedo, – disse ela, apresentando-lhe o anel.

O gnomo tomou o anel, examinou bem e depois recomeçou o zumbido da roda; ao raiar do dia, toda aquela palha estava transformada em fios de ouro puro e brilhante.

O rei, muito cedo, foi ver o trabalho e exultou de alegria vendo aquela pilha de ouro. Sua ambição, porém, era desmedida; levou a moça para uma terceira sala, maior do que as outras, tão cheia de palha que só ficara um cantinho para a roca de fiar.

– Aí tens a palha que deves fiar durante esta noite; se o conseguires, casar-me-ei contigo. – "Embora seja filha de um simples moleiro, – pensava consigo mesmo o rei, – uma esposa mais rica não encontrarei no mundo todo!"

Assim que ficou só, a moça esperou que aparecesse o gnomo; este não tardou.

– Hum! Temos mais serviço hoje? O que me dás se eu te fiar toda esta palha?

– Nada mais possuo, – disse ela tristemente; – já te dei tudo quanto tinha comigo.

– Nesse caso, promete-me que me darás teu primeiro filho quando fores rainha.

A moça pensou: "Quem sabe lá se me tornarei rainha algum dia!" E, para sair-se daquele apuro, prometeu ao gnomo tudo o que ele quis. No mesmo instante, o gnomo se pôs a fiar e, em pouco tempo, transformou toda a palha em ouro.

Quando pela manhã bem cedo o rei chegou e viu tudo executado conforme seu desejo, ficou radiante de alegria e, cumprindo o que prometera, casou-se com a filha do moleiro, que assim se tornou rainha.

Decorrido um ano, a rainha teve um filho lindo como os amores; estava tão feliz que já não se lembrava da promessa feita ao gnomo; mas este não se esquecera, entrou no quarto da rainha e disse-lhe:

– Por três vezes ajudei-te! Agora me dá o que me prometeste.

A rainha ficou apavorada e ofereceu-lhe todas as riquezas do reino para que lhe deixasse aquele amor de criança; mas o gnomo, implacável disse:

– Não, não. Prefiro uma criaturinha viva a todos os tesouros do mundo.

Então a rainha desatou a chorar e a lastimar-se de causar dó. O gnomo, condoído de sua grande dor, disse-lhe:

– Está bem! Concedo-te três dias de prazo; se antes de vencer este prazo conseguires adivinhar meu nome, poderás ficar com a criança.

A rainha encheu-se de esperança; passou a noite inteira pensando em todos os nomes que conhecia ou que ouvira mencionar; além disso, expediu vários mensageiros que percorressem o reino todo e perguntassem os nomes de quantos existiam.

No dia seguinte, o gnomo apareceu e ela foi dizendo os nomes que sabia, a começar por Gaspar, Melchior, Baltazar, Benjamim, Jeremias e todos os que lhe ocorria no momento, mas a cada um, o gnomo exclamava:

– Não. Não é esse o meu nome.

No segundo dia, a rainha mandou perguntar o nome de todos os cidadãos das circunvizinhanças e repetiu ao gnomo os nomes mais incomuns e extravagantes.

– Chamas-te acaso, Leite-de-Galinha, Costela-de-Carneiro, Unha-de-boi ou Osso-de-baleia?

Mas a resposta do gnomo não variava:

– Não. Não é esse o meu nome.

No terceiro dia, chegou o mensageiro e disse-lhe:

Percorri todo o reino e não descobri nenhum nome novo. Mas, passando ao pé de uma montanha, justamente na curva onde a raposa e a lebre se dizem boa-noite, avistei uma casinha muito pequenina; diante da casinha havia uma fogueira em volta da qual estava um gnomo muito grotesco a dançar e pular com uma perna só. Estava cantando:

> "Hoje eu frito, amanhã eu frito!
> Depois de amanhã eu frito!
> Coisa boa é ninguém que eu frito
> Que o meu nome é Rumpelstiltskin".

Podeis bem imaginar a alegria da rainha ao ouvir essa história; decorou-a e quando, pouco depois, a porta rangeu e apareceu o gnomo a perguntar:

– Então, minha Rainha, já descobriste o meu nome?

A rainha para disfarçar, começou por dizer:

– Chamas-te Conrado?

– Não.

– Chamas-te Henrique?

– Não.

– Não te chamas, por acaso, Rumpelstiltstkin?

Ao ouvir seu nome, o gnomo ficou assombrado; depois teve um acesso de cólera e berrou:

– Foi o diabo quem te contou; foi o diabo quem te contou! E bateu o pé no chão com tanta força que rompeu o assoalho e afundou até à cintura. Ele, então, desesperado, agarrou o pé esquerdo com as duas mãos e puxou tanto que acabou rasgando-se ao meio.

Desde esse dia, a rainha viveu tranquilamente com o seu filhinho[43].

> Fique com suas imagens por mais um momento, perceba novamente qual imagem se apresenta a você de forma particularmente viva. Contemple essa imagem de perto. Tente também descobrir se você consegue enxergar o ambiente no qual o conto de fadas é ambientado. Quando você vê as pessoas, tenha empatia com elas. Simpatize com as diferentes pessoas, perceba os diferentes sentimentos. Em seguida, desligue-se dessas imagens, abra lentamente os olhos, boceje, se estique.

A demanda excessiva da grandiosidade

A fim de entender esse conto de fadas, é útil colocar-se na posição do moleiro, do rei, da filha do moleiro e de Rumpelstiltskin nessa situação inicial do conto.

---

43. https://www.grimmstories.com/pt/grimm_contos/o_anao_saltador – Acesso em 1 nov. 2021.

Quando tentamos nos identificar com personagens individuais no conto de fadas, experimentamos que isso não é igualmente possível com todos os personagens. Em um seminário em que fiz esse exercício, os participantes comentaram que imaginavam o moleiro como uma pessoa submissa, que está sempre contando o dinheiro que tem, como alguém que desesperadamente quer ser considerado como algo maior do que sua personalidade realmente lhe permite ser. Ele precisa inventar algo para ser interessante para o rei. O amor se transforma em orgulho da filha – mas talvez nunca nem tenha sido amor, apenas orgulho. Algumas pessoas, ao se identificarem com o moleiro, sentiram vergonha disso, vergonha de ele ter vendido a filha. Elas só conseguiram entender isso imaginando o quanto o moleiro, motivado por uma profunda amargura ou um grande vazio, tinha a necessidade narcisista de ser uma pessoa muito especial pelo menos uma vez na vida. Eles não puderam aceitar seu comportamento.

Com a ajuda desse conto de fadas, queremos retornar ao tema da grandiosidade em conexão com o tema de vítima e agressor. Obviamente, o moleiro quer ser mais do que ele é. Ele quer ser interessante. Há uma pobreza por trás disso. Enquanto isso, ele resolve o problema propondo um grande negócio ao rei, embora às custas de sua filha.

Quando nos identificamos com a filha, nós nos sentimos traídos e vendidos pelo pai. Como filha, deveríamos ter dito não a esse acordo. Mas será que ela poderia ter feito isso, alguém pediu sua opinião? A sensação de demanda desumanamente excessiva do pai, e como reação a isso, a decepção, a raiva e o ódio emergem na identificação com a filha. Mas também pode surgir outro sentimento: como seria maravilhoso se eu conseguisse fazer isso – mas não consigo. Eu adoraria, mas não consigo de forma alguma. Essa é a sensação ao enfrentar uma demanda excessiva. A filha é uma vítima nessa situação de várias maneiras: uma vítima dos homens e uma vítima de sua própria grandiosidade.

Na identificação com o rei, experimentamos insatisfação, uma insatisfação que ele tenta compensar com sua ganância. Os participantes do seminário vivenciaram sua ganância como intoxicante, desagradável, como uma espécie de vício do grande homem. A filha do moleiro deve provar algo. Se ela for uma fraude, a filha do moleiro será morta – toda a teia fraudulenta será expulsa do mundo. Ouro ou morte, essas são as alternativas nesse sistema.

A situação inicial deste conto de fadas também pode ser vista como uma constelação de complexos. Na verdade, temos dois agressores, o pai e o rei. Se o pai do complexo paterno[44] for vivenciado como agressor, essa experiência pode ser facilmente transferida para o parceiro. Essa filha se identifica com a posição infantil em um complexo bastante complicado de rei e moleiro – ou em termos mais simples: em um complexo paterno. A situação-chave que agora se apresenta é: ou você produz ouro, ou não vale nada e deve morrer, caso contrário, não tem direito de existir.

Essa situação chave no conto de fadas pode ser interpretada e aplicada a situações do dia a dia. Há pais que exigem que produzamos algo incrível em determinado momento ou mesmo o tempo todo – só a beleza não basta. Se não conseguirmos fazer isso, eles negam a seus filhos o direito de existir, ficam decepcionados, negam afeto. O pai no conto de fadas exige o absolutamente impossível, e essa é uma

---

44. KAST, V. *Vater-Töchter, Mutter-Söhne*. Op. cit.

demanda tremenda e excessiva. Visto que é impossível transformar palha em ouro, essa cena deve ser entendida simbolicamente. Isso poderia então significar: produzir algo muito valioso a partir de algo que, na verdade, não é nada de especial.

Essa interpretação pode ser aplicada a muitas situações da vida: existem, por exemplo, palestrantes que transformam palha em ouro. Mas também podemos entender esse símbolo de modo inverso: é possível criar algo eternamente válido a partir de um produto residual. De qualquer forma, permanece certa ambivalência.

A filha é a vítima e está à mercê dos dois agressores. É provável que, originalmente, o moleiro também foi vítima. Mas essa atitude de vítima o transformou em um agressor por meio da grandiosidade e do abuso de poder. Se vermos o moleiro e o rei juntos como um lado, então, deste lado do complexo, a agressão aumenta cada vez mais, o que se evidencia nas salas repletas de palha, que se tornam cada vez maiores.

Ao se identificarem com Rumpelstiltskin, os participantes do meu seminário se sentiram enérgicos, cheios de vida, embora pequenos, mas tremendamente capazes de enfrentar a situação: ele é o único que tem uma solução e que pode exigir o que quiser por ela, mas é também o único que pode mudar a horrível situação em que a filha do moleiro se encontra. O conto de fadas expressa isso ao contar como a porta se abre quando ele aparece. Devemos imaginar essa situação de forma plástica: temos a filha do moleiro, que está presa por exigências às quais ela não pode atender, ela não tem para onde ir – só um milagre pode ajudá-la. Ela está desesperada. E, de repente, a porta se abre: o espaço vital, mas também o espaço do complexo.

"Rumpelstiltskin" é um conto de fadas com o qual nos identificamos facilmente: uma demanda interna se torna cada vez maior e não conseguimos atendê-la. Desesperados, nós nos perguntamos como foi que nos metemos nessa situação impossível, e ainda mais, é claro, como podemos encontrar um jeito de sair dela – e então, de repente, a porta se abre, surge uma esperança. Podemos entrar em contato com uma força enérgica que pode fazer o impossível. Esse aumento de energia, o brilho da esperança, também poderia estar associado ao surgimento de uma pessoa útil. Voltamos a ter esperança.

Podemos ver também Rumpelstiltskin como uma representação de grandiosidade? Como já foi dito acima, a vítima muitas vezes se vê como uma vítima grandiosa. Essa avaliação ajuda as pessoas na posição de vítima a manter sua autoestima, apesar de sua posição. O que elas sofrem passa a ser não só vergonhoso, mas também grandioso.

Entretanto, a grandiosidade também pode ser usada para tentar superar a posição de vítima mais uma vez. "Eu consigo fazer isso, consigo fazer aquilo, consigo transformar palha em ouro". Isso significa que, embora sejam vítimas, elas podem fazer o impossível e assim superar a posição de vítima.

Analisemos agora Rumpelstiltskin como uma figura intrapsíquica da filha do moleiro, como uma força que se constela no momento de maior desespero.

O conto de fadas conta então a história da filha do moleiro que internalizou suas experiências com seu pai e as transfere para um parceiro no sentido de expectativas que, na verdade, estão relacionadas ao pai. Esse pai internalizado, o complexo paterno moldado por sua relação com ele, se manifesta em um sentimento de demanda excessiva, do qual ela é a vítima, e na necessidade de fazer algo que ninguém mais pode fazer. Em um nível interpessoal, isso significaria que ela se coloca muito facilmente em uma situação ou em um relacionamento em que ela se obriga a oferecer algo muito especial com a impressão de que consegue fazê-lo. É assim que Rumpelstiltskin funcionaria intrapsiquicamente. A convicção de que somos capazes de fazer algo muito especial, embora sejamos vítimas, faz parte dessa psicologia da vítima. É importante ver que tanto a vítima quanto o agressor são determinados pela grandiosidade.

O sacrifício da grandiosidade

Voltamo-nos agora para o final do conto de fadas: não porque nada pudesse ser dito sobre o meio, mas porque não é necessário demorar-se com ele. A filha do moleiro se torna rainha, e ela tem um filho. Ela ressuscitou socialmente e trouxe nova vida para o mundo. Portanto, ela tem muito mais possibilidades de vida, e com a criança ela também tem uma promessa para o futuro, algo que crescerá, que trará seus próprios novos impulsos para a vida. Portanto, essa grandiosa defesa do lado da vítima definitivamente teve um resultado: a convicção de ser algo especial, de ter qualidades especiais e a energia para realmente se empenhar em algo pode produzir algo. Com a criança, ela encontrou uma nova identidade, e ela é rica. Mas de que tipo de riqueza estamos falando agora? Talvez já não se trate tanto da riqueza no sentido de possuir bens, como no caso do rei e do pai, mas de uma riqueza em termos de experiência e sentimento, uma riqueza de ser. Isso seria uma contraposição ao início. O que acontece agora com a grandiosidade?

Psicologicamente, quando a vida é plena e viva, a grandiosidade não é mais necessária. O conto de fadas também diz que a rainha tinha simplesmente esquecido aquele homenzinho. Para que o conto de fadas continue, temos que lembrar que, como crianças, muitas vezes sentimos pena de Rumpelstiltskin e gostaríamos de poder salvá-lo. Outras pessoas acham o Rumpelstiltskin repugnante: o pai vendeu a filha, e agora a filha, por sua vez, também deve vender o filho, mas ela se recusa. Percebemos estas avaliações emocionais – ainda assim as ignoramos por ora. Quando vemos Rumpelstiltskin como a encarnação de uma ideia de grandeza, então é absolutamente importante que ela se desfaça. Rumpelstiltskin representa uma grandiosidade infantil, que se mostra em seus pulos e saltos, mas também no prazer que ele sente em assar e fritar. Fantasias de grandeza são geralmente infantis. Elas partem da ideia de que é possível realizar algo por meio da magia. O surpreendente em relação às ideias de grandeza é que elas costumam funcionar – desde que não se sejam atacadas pela dúvida. Na história sempre apareceram pessoas que, embora não fossem especialmente inteligentes nem politicamente espertas, foram aceitas como líderes porque estavam convencidos de sua própria grandeza e importância. Muitas vezes, as pessoas levam muito tempo para descobrir o que está por trás desse tipo carismático. A verdadeira grandeza e grandiosidade podem ser muito parecidas, mas a verdadeira grandeza não é brutal.

Por que a rainha deve adivinhar o nome do homenzinho? Trata-se de abordar e nomear o problema, nesse caso, de expor esse homem muito útil como Rumpelstiltskin, como uma figura que é um demônio. Quando vemos Rumpelstiltskin primeiramente como uma representação da ideia de grandeza, isso significa que é preciso dar um nome a essa ideia de grandeza, também em seu aspecto não humano. Não devemos subestimar nesse conto de fadas que a filha do moleiro era, a princípio, totalmente passiva em seu papel de vítima. No momento em que ela corre perigo de perder seu filho, ela se torna ativa e age.

A criança simboliza, entre outras coisas, nossa própria renovação, aquilo que mais amamos e que associamos claramente a nós mesmos. Quando essa nova vida, e com ela a nova vida da própria rainha, está em perigo, ela recebe uma segunda chance, que ela aproveita: ela envia espiões por todo o país. Essa ainda não parece ser uma atividade muito grande, mas quando a interpretamos intrapsiquicamente, isso significa: ela começa a procurar, tentando dar um nome ao demônio. O nome é Rumpelstiltskin. Se seu nome tem algo a ver com o fato de que ele anda sobre pés de pau, como sugere seu nome em alemão, ele seria de fato alguém que se faz maior do que realmente é. Aqui a grandiosidade é colocada em cena. Existe, é claro, o perigo de ela lidar com seu filho no sentido do complexo, de sobrecarregar também o seu filho. De alguma forma, essa criança nasce entre Rumpelstiltskin e a rainha. A rainha tem que garantir que o filho não caia nas mãos de Rumpelstiltskin, que não caia sob a influência das ideias de grandeza. Se reconhecermos o problema dessa demanda excessiva e dermos um nome a ele, então o problema se resolve por si mesmo.

Rumpelstiltskin deve desaparecer, ele não é mais necessário e também não deve voltar a ser necessário. Já que ele já está meio enterrado no solo, esperamos que ele seja engolido por completo e se transforme na Mãe Terra.

Se esse aspecto grandioso continuasse a agir na rainha, ela poderia transmitir ao filho o mesmo que lhe foi transmitido. Essa demanda excessiva surge quando a criança é rotulada como uma criança dourada. Então ela se vê obrigada a ser uma criança dourada. É por isso que essa grandiosidade deve ser interrompida. Mas o interessante é que essa grandiosidade é capaz de destruir a si mesma. Não encontramos aqui o tema do conto de Barba Azul, que consistia em lutar com agressão contra a destruição; aqui a própria grandiosidade se destrói. A rainha evoluiu, tem um filho e tem um futuro. Portanto, ela não é mais a vítima. Ela está ativamente em busca de conhecimento.

Ela deve ter conhecimento desse complexo. Especialmente quando nos identificamos com a posição de vítima, quando não nos sentimos como uma vítima, mas até nos sentimos muito bem nesse papel, é muito importante reconhecermos a grandiosidade. Essa grandiosidade – como diz o conto de fadas – ajuda a nos desenvolvermos ainda mais. Mas uma vez que o desenvolvimento tenha ocorrido, essa grandiosidade deve ser desmascarada, então ela se destrói, caso contrário, tudo o que foi criado será destruído.

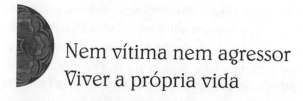

Nem vítima nem agressor
Viver a própria vida

A imagem contrária à vítima e ao agressor é a imagem do modelador. Nessa imagem, os aspectos de ter que sacrificar, de ter que sacrificar repetidamente, se unem aos da agressão, no sentido de querer criar, de insistir. Com teimosia, insiste-se em trabalhar com a possibilidade que existe naquele momento. O modelador também se orienta por um objetivo maior, talvez pelo objetivo de transformar esta vida em uma vida plena diante de todas as ameaças e da constante limitação pela morte, e de oferecer isso também aos seus próximos, na medida em que isso lhe seja possível.

Isso me parece possível se levarmos nossos complexos a sério e sacrificarmos tanto o poder e a grandiosidade que temos na identificação com o agressor quanto o poder e a grandiosidade que temos na identificação com a vítima. Sofrer e destruir não deveria ser o nosso maior mandamento, mas sim viver e deixar viver. Mas só podemos chegar a esse ponto se conseguirmos trabalhar aquelas áreas de nossa psique onde não nos foi permitido viver, onde estávamos à mercê de abusos de poder. Isso só é possível se estivermos dispostos a expor nossas identificações com o agressor.

Agora, é claro que toda vontade de criar e modelar se depara com um limite: sempre há coisas com as quais não conseguimos lidar. Heidegger chamou isso de o inevitável, referindo-se, por um lado, àquilo que não pode ser contornado, àquilo que não pode ser visto por nós em sua totalidade, mas, por outro lado, também àquilo não pode ser superado, como a morte e a perda.

Mary Williams[45] reconheceu no sadismo, que é uma identificação pronunciada com o agressor, uma identificação com a morte como o destruidor indestrutível e concluiu que os sádicos não conseguem aceitar o fato de que a transitoriedade, ou seja, a morte, existe. Por isso tentam ganhar controle sobre a vida, um controle que não é dado a nós humanos. Na identificação com o agressor, vimos uma necessidade semelhante de controle. A vontade cega de destruir acaba levando à morte. Uma vontade cega de criar, porém, provavelmente também nos levaria de volta à posição de vítima se o tema básico do sacrifício, ou seja, a noção de que certas coisas devem ser dadas condicionalmente, não fosse levado em consideração. Sacrifício não significa simplesmente perder algo, tampouco significa simplesmente ser roubado de algo, sacrifício significa antes dar voluntariamente algo a serviço de uma ideia ou valor abrangente. A entrega a uma ideia abrangente é a tarefa do modelador. No contexto do tema de vítima e agressor, isso significaria não reduzir a vida à luta por poder, domínio e submissão, mas sim tornar possíveis as muitas possibilidades que existem na vida. E isso provavelmente nem seria uma visão que teria que ser imediatamente descartada como uma ideia grandiosa demais.

No entanto, isso resultaria em um novo jeito de pensar: todas as questões de exploração, dominação e subjugação

---

45. WILLIAMS, M. *The Fear of Death*. Op. cit.

teriam que ser repensadas. A igualdade – especialmente entre os sexos – teria que ser expressa e praticada sempre de novo. A idealização secreta da agressividade em meninos e homens deve ser impiedosamente exposta. Modelar significa que as pessoas criam algo juntas e não umas contra as outras. Algo sobre o qual todas as disciplinas devem refletir mais é a questão de como a autoestima das pessoas pode ser estabilizada em geral. Isso significa que também devemos descobrir como a autoestima é desestabilizada repetidamente na interação diária. A questão de estabilizar a autoestima na vida cotidiana é muito importante, pois, em última análise, a forma como lidamos com o medo e a agressão depende disso, e a nossa capacidade de atender às exigências de uma identidade flexível também depende disso. Seria importante ter alguma noção simples sobre como a autorregulação da autoestima do indivíduo pode ser apoiada de uma maneira positiva no dia a dia. Por exemplo, quando outros lhe perguntam o que você faz para se sentir melhor consigo mesmo, ou: em que situações você sente uma autoconfiança natural na vida. São perguntas sobre como as pessoas costumam regular sua autoestima, e isso pode inspirar todos nós a regular nossa autoestima também de forma diferente, de modo que nos tornamos mais capazes de criar e modelar a nossa vida.

Outros aspectos que devem ser mencionados e considerados são os seguintes: apreciação e conscientização da experiência de emoções elevadas: quando nos alegramos, temos uma autoconfiança natural, estamos em harmonia conosco mesmos e com o mundo e estamos muito menos ansiosos. Poderíamos também sugerir a reconstrução da biografia da alegria e não da biografia do trauma, ou seja, podemos nos perguntar o que nos deu alegria em nossa vida e onde essas alegrias foram parar[46].

A partir da consciência de que podemos regular nossa autoestima repetidamente sem termos que nos tornar agressores ou vítimas, a partir da consciência de que as pessoas poderiam até ajudar umas às outras a encontrar uma autoestima mais estável, poderíamos entrar em um ciclo de cocriação. Para não nos tornarmos nem vítima nem agressor, é importante continuarmos lutando por uma boa autoestima. Para isso, o desligamento adequado à idade dos complexos parentais é muito importante, mas há, como também apontei, além disso, muitas maneiras práticas na vida diária de como estabilizar nossa autoestima, de estabilizá-la repetidamente, para que consigamos lidar melhor com as mágoas habituais. Em outras palavras, isso também significa que devemos tentar cada vez mais viver nossa própria vida de uma forma autorresponsável.

---

46. KAST, V. *Freude, Inspiration, Hoffnung.* Op. cit.

Agradecimentos

Este livro foi escrito ao longo de muitos anos de vida e trabalho. Sempre me incomodou que as pessoas se tornam vítimas com tanta facilidade – especialmente as mulheres – e outras se tornam agressores com a mesma facilidade. Agradeço a todos aqueles que me inspiraram e encorajaram nessa jornada emocional.

Em outono de 1995, na conferência da Sociedade Internacional de Psicologia Profunda sobre o tema "Poder, impotência, pleno poder. Perspectivas da psicologia profunda", apresentei uma palestra sobre o tema "Vítima – Agressor". Essa palestra serviu como base para este texto. Gostaria de agradecer aos participantes dessa palestra; por meio de numerosas perguntas, eles me levaram a explicar a teoria dos complexos em maior detalhe. Gostaria também de agradecer aos participantes do seminário de contos de fadas sobre "Rumpelstiltskin"; eles também me deram muitas ideias.

Gostaria de expressar mais uma vez meus sinceros agradecimentos a Karin Walter pela linda colaboração.

Verena Kast

Coleção Reflexões Junguianas
Assessoria: Dr. Walter Boechat

- *Puer-senex – Dinâmicas relacionais*
Dulcinéa da Mata Ribeiro
Monteiro (org.)
- *A mitopoese da psique – Mito e individuação*
Walter Boechat
- *Paranoia*
James Hillman
- *Suicídio e alma*
James Hillman
- *Corpo e individuação*
Elisabeth Zimmermann (org.)
- *O irmão: psicologia do arquétipo fraterno*
Gustavo Barcellos
- *Viver a vida não vivida*
Robert A. Johnson e Jerry M. Ruhl
- *Re-vendo a psicologia*
James Hillman
- *Sonhos – A linguagem enigmática do inconsciente*
Verena Kast
- *Introdução à Psicologia de C.G. Jung*
Wolfgang Roth
- *O encontro analítico*
Mario Jacoby
- *O amor nos contos de fadas*
Verena Kast
- *Psicologia alquímica*
James Hillman
- *A criança divina*
C.G. Jung e Karl Kerényi
- *Sonhos – Um estudo dos sonhos de Jung*
Marie-Louise von Franz
- O livro grego de Jó
Antonio Aranha
- *Ártemis e Hipólito*
Rafael López-Pedraza
- *Psique e imagem*
Gustavo Barcellos
- *Sincronicidade*
Joseph Cambray
- *A psicologia de C.G. Jung*
Jolande Jacobi
- *O sonho e o mundo das trevas*
James Hillman

- *Quando a alma fala através do corpo*
Hans Morschitzky e Sigrid Sator
- *A dinâmica dos símbolos*
Verena Kast
- *O asno de ouro*
Marie-Louise von Franz
- *O corpo sutil de eco*
Patricia Berry
- *A alma brasileira*
Walter Boechat (org.)
- *A alma precisa de tempo*
Verena Kast
- *Complexo, arquétipo e símbolo*
Jolande Jacobi
- *O animal como símbolo nos sonhos, mitos e contos de fadas*
Helen I. Bachmann
- *Uma investigação sobre a imagem*
James Hillman
- *Desvelando a alma brasileira*
Humbertho Oliveira (org.)
- *Jung e os desafios contemporâneos*
Joyce Werres
- *Morte e renascimento da ancestralidade da alma brasileira*
Humbertho Oliveira (org.)
- *O homem que lutou com Deus*
John A. Sanford
- *O insaciável espírito da época*
Humbertho Oliveira, Roque Tadeu Gui e Rubens Bragarnich (org.)
- *A vida lógica da alma*
Wolfgang Giegerich
- *Filhas de pai, filhos de mãe*
Verena Kast
- *Abandonar o papel de vítima*
Verena Kast
- *Psique e família*
Editado por Laura S. Dodson e Terrill L. Gibson
- *Dois casos da prática clínica de Jung*
Vicente L. de Moura
- *Arquétipos do Apocalipse*
Edward F. Edinger

Conecte-se conosco:

- **f** facebook.com/editoravozes
- **◉** @editoravozes
- **🐦** @editora_vozes
- **▶** youtube.com/editoravozes
- **☎** +55 24 2233-9033

www.vozes.com.br

Conheça nossas lojas:

www.livrariavozes.com.br

Belo Horizonte – Brasília – Campinas – Cuiabá – Curitiba
Fortaleza – Juiz de Fora – Petrópolis – Recife – São Paulo

EDITORA VOZES LTDA.
Rua Frei Luís, 100 – Centro – Cep 25689-900 – Petrópolis, RJ
Tel.: (24) 2233-9000 – E-mail: vendas@vozes.com.br